問いかけが仕事を創る

野々村健一

角川新書

はじめに

「最近の子どもたちはなんでもググれるから、私たちが子どもだった頃より頭が悪くなっているよね」

ある日、カフェで仕事をしているときに聞こえてきた、ママ友同士の会話です。

「そうそう、なんでも簡単に答えがわかっちゃうから、娘の夏休みの自由研究のテーマが決まらないのよ」

確かに、今や大抵のことはネット検索をすれば数分以内に調べることができ、「答え」の相対的価値は下がっています。AI時代が到来し、子どもたちの宿題にも影響を及ぼしていますが、このママ友たちの言うように、その結果、「人間は頭を使わなくなる」のでしょうか？

私はむしろ、逆だと思います。例えば、他の人とかぶらず、ユニークで、AIに聞いてもすぐわかる類《たぐい》のものではない、夏休みの自由研究のテーマ設定。これは、与えられた課題に対して「答え」を探すことよりも、はるかにクリエイティブで、難しい作業ではないでしょうか。こうした「問い」を立てることは、今のところまだＡＩにはできません。

この自由研究のテーマ設定の話は、実は、今大人たちが直面している課題にも通ずるところがあります。

私が以前勤めていたＩＤＥＯ（アイディオ）は、アップルの初代マウスをデザインしたことで知られていますが、その後領域を広げて今ではデザインを通じて様々な組織のイノベーションを促すコンサルティング会社であり、世界に９拠点を構えています。青山《あおやま》にオフィスを置くＩＤＥＯＴｏｋｙｏには、日本の各業界をリードする多くの企業の方々が相談に来られます。問い合わせの件数は年々増えていて、その相談内容の多くは、「新規事業部が立ち上がったが、何をしたらいいかわからない」「この事業の未来を考えたい」「発想を変えたい」といった、前例も正解もない「問い（課題）」ばかりです。

目まぐるしく変化する社会で生きる我々は、日々「答えのない課題」と向き合っています。そもそも課題自体が何であるかすら、わからないことが多いかもしれません。この予測不能で不確実な時代に自ら未来を切り拓《ひら》いていくためには、これまでにない新たな価値を生み出すことが求められています。「イノベーション」がバズワードのように飛び交い、多くの企業が焦燥感を感じていることは、こうした変化の象徴なのかもしれません。

ハーバードビジネススクール（ＨＢＳ）のロザベス・カンター教授が２００６年に発表した論文によると、「イノベーション」という言葉は概《おおむ》ね6年周期で流行し、様々な企業の注力分野として戦略の中に現れるようです。この周期の理由は様々ですが、主に経営層の入れ替えや、ビジネスを「創る→回す」の新陳代謝が挙げられます。そして、そのサイクルは年々加速しています。この一役を担っているのがデジタルの浸透ですが、イノベーション、もしくは新たにビジネスを生んでいくという行為は、「数年おきに取り組むもの」ではなく、「カイゼン」のように組織の基本動作にしていくことが求められるようになっています。

そんななか、今でも日本（そして多くの海外）のビジネスの現場では、連続的な論理構築、もしくは「ロジカルシンキング」が全盛です。ロジカルシンキングの有用性を否定する気はまったくありませんが、これは「論理的な選択」をするためのツールであり、選択肢の中から答えを導き出すものです。誰もが同じ方向を見ながら論理的に導き出される答えは重複しますし、模倣可能です。それでも皆で分け合える巨大な市場があるときはやっていけますし、既存の事業を効率化していくうえでは効果的です。

しかし、今求められているのは、「新しい選択肢を創造」することです。「他と違うこと」「これまでにないもの」を創らなければならないのであれば、求めるべきものは「答え」ではなく、多くの可能性を生み出す、良質でクリエイティブな「問いかけ」なのです。

例えば、鉄道会社の方と「次世代の通勤電車」について相談するとしましょう。どんな問いかけから始めてみたら、面白い発想が湧きそうだと思いますか？　例えば次の3つだとどうでしょう？

（1）どうすれば新しい電車体験を、0からつくることができるだろうか？
（2）どうすれば今より20％多くの人が乗れる電車を作ることができるだろうか？
（3）どうすれば東京で毎日通勤する人々がより自由な働き方ができるような移動体験をつくることができるだろうか？

これらの中に、間違った問いはありません。（1）のような大局的な問いで「電車のあり方」を問いかけていくのもいいでしょう。（2）のように具体的な目標値を掲げて物理的な電車のあり方を改善していくのも方向性としてあると思います。

私のおすすめは、（3）です。もしかしたら電車以外の移動手段も発想できる余白を残しつつ、どんな人たちのために発想をしているかも思い描けます。実際にはどの問いかけに取り組んだとしてもなんらかの「答え」には到達するかもしれません。また、その企業の存在意義や戦略とも関係するでしょう。しかし（3）のような問いかけからスタートすると、新しいものが生まれる機会が増えるのではないかと考えます。

人間は幼いときほど好奇心旺盛《おうせい》で、きっと皆さんも子どもの頃は親を質問攻めにして困らせた時期があるでしょう。先入観やバイアスがない子どもたちの質問は実にクリエイティブで、そこにたくさんの可能性や想像力を感じさせます。ただその後の教育では、より速く正確に「答え」を導くことに重きが置かれているため、従来の常識や正論にとらわれない行動や思考をもとに「問い」をつくることに難しさを感じる人は多いかもしれません。それでも、少し視点を変えたり工夫をすることで、面白い問いを考えていくことを練習することができます。これは筋肉のようなものなので、意識して鍛えることによって強化できるのです。

本書では、正解のない時代に、自ら新しい価値を創造することに自信を持って取り組むことを助け、日々のチャレンジを前向きで楽しいものに変換してくれる「問いかけ」の力について、私の経験をもとにお伝えしたいと思っています。

なお、この本は2018年に単行本として刊行した『0→1の発想を生み出す「問いかけ」の力』を新書化するものですが、単行本の刊行当時から世の中は大きく変化しました。とくにChatGPTはじめ生成AIの隆盛は「問いかけ」というテーマに密接に関係しています。そうしたことをふまえ今回、新たに大幅な加筆をし、新章（第6章）として加えています。

本書の大まかな流れは以下のようになっています。
①問いかけがこれからより重要になっていく背景
②そこに取り組んでいくために大切なマインドセット
③そのために便利なツールやアプローチ

私自身は、

「どうすれば日本で働く人に、〝問いかけ〟を通じて自由に発想してもらうことの楽しさや価値を伝え、行動を起こすきっかけをつくることができるだろうか？」

という問いかけを自分に与えて、本書を書いています。

目次

第3章 「〝問いかけ〟は組織をどう変えるか」 131

第4章 「問いかける力を磨くためにできること？」 169

第5章 「仕事を、人生を楽しくするために、今日から何ができるだろうか」 201

第6章 「生成AIが台頭する時代の問いかけとは？」 221

おわりに 243

第1章

「これからの時代に求められる力とはなんだろうか」

ある教室でのエピソード

「どうすれば空を活用して、天候や災害などに影響されず、農家が楽になる畑を作ることができるだろうか？」

皆さんがこの問いを聞いたら、最初にどのように感じるでしょうか？

「現実的な話じゃないな」
「お金にならなそう」
「コストがかなりかかりそうだな」
「うちの会社には関係ないな」

それとも、
「ワクワクする話だな」

「あんなことや、こんなこともできるかもしれない」

と感じた人もいるでしょうか？

実際にある高校でこの問いかけをしてみたところ、わずか10分以内に次のようなアイディアが次々に挙がりました。

「畑を空に飛ばして天候やシーズンに合わせて場所を変えられるようにできないかな？」
「ソーラーパワーとドローン技術を使って畑を小さく区切ったらできないかな？」
「なんならその畑で食事もできたら最高の観光名所にできるんじゃないかな？」

皆さんの中には「これは『答え』ではなく『問い』が返ってきているだけなのでは？」と思う方もいるかもしれません。その通りです。良い問いは、さらに別の問いを生んでいきます。しかも最初の問いは、実行可能性は無視した「ワイルドな」もので構わないのです。このような問いかけを発展させながら実験をしていくことで、いずれ現実的なカタチやビジネスが生まれ、人々の生活に届いていきます。

これからは、先のようなやり取りが日常の中でもっと増えていかないといけないですし、それは学校だけでなく、ビジネスの現場でも増えることが望ましいと思っています。

この高校で話をしていたときに残念だったのは、その生徒たちが、「でも、そんなことはきっと、日本の大きな会社とかはやってくれないんでしょ?」と、諦《あきら》めのような言葉を漏らしていたことです(「グーグルならやってくれるかも」と言う子はいましたが……)。

しかし、実はIDEOがプロジェクトでご一緒していたJAXAの研究者の方々も同じような問いかけについて考えていたと明かした瞬間、教室に彼らの驚きと喜びの歓声が響きました。あの様子は、今でも忘れられません。

良い「問いかけ」には、人をクリエイティブでワクワクした気持ちにする力があります。ただそのためには、問いの投げかけ方も、受け取り方も重要になります。

「クリエイティビティ」という資質の台頭

皆さんは「クリエイティビティ」という言葉を聞いて何を思い浮かべるでしょうか？

絵が上手？

人が考えないことを思いつく？

面白い人？

アーティスト？

もしかしたらビジネスパーソンには関係ないこと？

ＯＥＣＤ（経済協力開発機構）やＷＥＦ（世界経済フォーラム）など、世界中のリーダーや経済界のトップが一堂に会し、次世代に必要なことを議論する場では、この「クリエイティビティ」という言葉を頻繁に耳にします。そしてそれは「クリエイティブ・エコノミー」「クリエイティブ・リーダーシップ」、さらには「イノベーション」といった言葉に替えられることもあります。シンガポールは「クリエイティビティ」を国家レベルでの注力分野としているくらいです。

少し前の調査結果ですが、2016年にWEFで発表された「第4次産業革命以降に重要になるスキルランキング」で「クリエイティビティ」は、2015年までの第10位からトップ3にまで上昇しています。また、2018年までの10年で、LinkedIn のプロフィールを形容するために使用される言葉で最も利用頻度が高くなった言葉も「クリエイティブ」という言葉だったそうです。

クリエイティビティは"create"（創造する）からきている言葉ですが、要は今、**世界のリーダーたちは「何かを新たに創造する」ということの必要性を強烈に感じているの**です。そしてそれが「成長」するために必要なファクターであるという明確なメッセージを各所に送っています。

IDEO上海《シャンハイ》でも、中国の名門である清華《せいか》大学と共に中国のビジネスエグゼクティブ向けに「クリエイティブ・リーダーシップ」のプログラムを共同設計するという取り組みがありました。

なぜ、このような動きがあるのでしょうか？

これは「はじめに」でも触れている通り、論理的なカチッとした考え方をベースにしたツールも重要ながら、他とは違う、方程式では導き出せないものを創り出し、さらにはそれを継続的に創り続けなければならない時代が到来しているからです。

私は以前、ＩＤＥＯが共同設立したベンチャーキャピタル「Ｄ４Ｖ」(Design for Ventures) でパートナーを務めており、様々なベンチャー企業に触れる機会がありましたが、そうした経験の中で感じたことがあります。それは、テクノロジーの進化に加え、ＡＩやデータサイエンス等の発達で、近い将来「ロジカルで再現性のある領域は自動化されていき、ビジネスパーソンが扱う領域ではなくなっていく可能性」が、現実的なものとして見えてきているということです。

また、「専門的なスキルが、デジタル技術やツールによって補完されること」も同様に感じます。３Ｄプリンターのように、専門的なトレーニングを受けていなくても様々なものを様々な人が作成できるツールは増え、専門性の垣根というものはどんどん低くなります。デジタルなものが私たちの生活の中で増加していくことはあれど、減る可能性が極めて低いことからも、こうした状況は加速するばかりです。

このような背景から、クリエイティビティやイノベーションという「創造」の方向性に関わる資質は、これからの時代ますます必要不可欠になっていきます。

では、それに備えるために我々は何ができるでしょうか?

一昔前に、人間が紙とペンをパソコンへ、手帳をスマートフォンへと置き換えたように、新たなスキルを学ぶことで済むのでしょうか?

どうやらそんなに簡単ではなさそうです。

なぜなら、創造性を追い求めていくと、我々が普段から習慣的にとっている行動や基本動作を変えたり、何かをunlearn(一度忘れ、学びなおす)したりする必要性すらも出てくるからです。なにより、自分たちが持っているマインドセットを変化させることが必須《ひっす》なのです。

私たちが感じる「閉塞感」の正体

私は、毎年100社以上の日本企業の方々とお会いしていますが、その多くの方が社内にある「閉塞《へいそく》感」についてお話をされます。少しずつ変化の兆しも見えてきているとは思うのですが、日本の職場を取り巻くこの「漠然とした閉塞感」の正体は何なのでしょうか？

誤解を恐れずに言えばこの数十年、日本企業の得意としてきた主戦場は、「一定のルール の中で、技術や効率、生産性や品質等の競争をし、改善を実施しながら、非常に緻密《ちみつ》な エクセキューション（実行）をしていくこと」でした。

そして、これらを実現する組織の意思決定システムには、いくつか特徴があります。

例えば、何かをやろうというとき、論理の連続性や一貫性が重視され、社員の「考え方」や「思考・行動の軸」のつくり方は統一されており、しかもそれは代々受け継がれる。また、基本的に品質を上げるということは「振れ幅」を減らすことでもあるため、リスクはできるだけ潰《つぶ》そうとします。このスタイルはロジカルシンキングや分析思考と言われるものと相性が良いものであり、こういうやり方に関して日本は世界一、あるいは世界最高水準であると考えられます。

もちろんこのアプローチで結果は出ていますし、批判する気もまったくありません。しかし、トレードオフ（引き換えに犠牲にしなければならないこと）もあります。それは、基本的にはヒエラルキーが生まれやすいということ、また、リスクの指摘が良しとされるため批判的な議論やリスクヘッジ的な行動が増加するということです。

端的に言うと、**何かを「やらない／できない理由を考える天才」が増える**のです。

また、このような行動規範や論理を強制し、目標達成を強要し続けると、どこかのタイミングで限界が訪れます。極論すれば、ロジカルシンキングで行き着く「正解」が競合とも共有されてしまうため、その中で血で血を洗う戦いに発展しやすいことも事実です。

さらに言うと、「改ざん」のような行動も、このような限界にぶち当たったときに、ガバナンスの機能不全、あるいは企業文化に生まれているひずみと組み合わさって起こります。昨今のニュースになっていることも、原因はこの部分にあると思います。

つまり閉塞感の正体は、世の中の不確実性（ambiguity）が増大し続けるなか、本来は前述のような〝制約〟の外を目指す本質的かつクリエイティブな問いかけをしたいのに、それができない空気があるからだと考えられます。仕事の仕方にパラダイム・シフトが起きようとしている、あるいは起こさなければいけないと私たちが考えているからこそ、閉塞感を感じ取っているのだとも言えるのではないでしょうか。

制約の多い組織・意思決定システムの中に、「新しい挑戦と向き合う」ための余裕をつくる（余白を残す）ことができるかどうか。それは――第3章で詳しく紹介しますが――

すなわち組織の「問いかけ」に対する姿勢次第です。

現在必要なのは「やらない／できない理由を考える天才」ではなく「やる理由／できる理由を考えるチーム」です。そして、「どうすれば○○ができるか」と、問いかけることができる人材です。

「これからの時代」の主戦場はどこか

前述したスペックや効率性の競争の先にあるのは、「情緒的な価値」の戦いです。

特に、「追いつけ追い越せ」というフェーズを越えた日本のような国が戦う成熟したマーケットにおいては、**その企業の持つ視点、ビジョン、ミッション、バリュー、取り組んでいる挑戦といった、無形の「ストーリー」ともいえる価値が差別化要素になる**ということです。

ところが日本ではこういった要素を「デザイン性」という言葉で整理して、表層的なものとして片付けてしまう傾向がありました。

一方でアップルのような企業は、無形の情緒的価値に加え、技術や品質等も両立させてきたことで、市場の期待値も上がってきています。また、例えばバルミューダのトースターのような商品も、一昔前であれば「まぁ、あれはデザイン性だけだから」などと整理されていたかもしれません。しかし、同社はメーカーでありながら「物より体験」という価値観を持ち、おそらく「どうすればトーストで人を感動させることができるだろうか？」といった問いかけを掲げていたのではないでしょうか？「プレミアムなトースターを作れ／作る」といったアプローチからは決して生まれないタイプの商品です。そうして、同社の「素晴らしい体験を」という考えに共感してファンが増えていくのです。

「情緒的な価値」を生んだ例として、ＩＤＥＯが担当したクライアントで英国のBrooksという自転車サドルメーカーも挙げてみましょう。

自転車好きであればBrooksという名前は知っている方も多いと思います。１００年以上も英国で革の自転車サドルを作ってきたメーカーで、そのジャンルにおいて圧倒的なブランド力を持っています。多くのライダーたちが、使い込んだBrooksサドルの良さを様々なところで説いていました。

その一方で、我々がリサーチしていくなかでヒントを得たのは、使い始めの革サドルの

硬さや不快感、「慣らし」の辛《つら》さについてでした。ここで考えたのが、

「どうすれば Brooks のサドルのうれしさを、最初の使い込み期間抜きで体験してもらえるだろうか？」

といった問いかけでした。その結果生まれたのは Cambium という商品です。これは従来の革ではなく、特殊な繊維素材とゴムの組み合わせで、Brooks の持つフィット感や耐久性を再現したものです。また、同時に新たな素材感を用いたデザインの表現も生まれ、発売されるやいなや Eurobike の金賞を取るヒット商品になっています。

さらにその先で、

「どうすれば Brooks の考える体験を、自転車以外のシーンでも提供できるか」

という問いに発展し、今ではアパレルやバッグ等も製造するようになりました。このように一見根源的で、当たり前にさえ映る問いかけが、様々な結果につながることがあるの

です。

さて、バルミューダとBrooksに共通しているのは、それが「答え」を追い求めた結果ではないということであり、「問いかけ」を考える文化が組織にも定着しているということでもあります。

「問いかけ」を重視する組織では、すなわち、そこで働く個人も同じように自身の仕事や生活の中で同様の視点を持って「問いかける」癖がついている必要があります。もしかしたら大変そうに思えるかもしれませんが、この姿勢はクリエイティブに仕事をして価値を生んでいくことにもつながり、同時に「仕事をする楽しさ」にもつながると私は信じています。

現代ビジネスパーソンに求められる「新しい力」

人間はそもそも、必要な「スキル」を身につけることで生き抜いてきました。

現代においても同様です。ただ、少し複雑なのは、「今生きるために必要なスキル」と「これから活躍するためのスキル」という必ずしも一致しないものが同時に求められることがあることです。ビジネスの世界では、そのような場面があちこちで見られますし、また、自身の生涯価値を高めるという意味においても、この両方を考えていく必要があります。

ここ30年ほどを振り返ってみても、昔はまったく求められていなかったスキルが、今では「身についていて当たり前」とされています。

例えば、30年前のビジネスパーソンに、電子メールやエクセルを使い、パワーポイントで資料を作る人はいませんでした。私もトヨタに勤めていた頃、手作業で作成されていた昔のスプレッドシートを見たときは、本当に頭の下がる思いがしたものです。しかし今、知的労働に従事しているビジネスパーソンで、どのツールも使ったことがない、または、使えないという人はいないはずです。

今や世界的に見れば仕事もクラウド上でシェアしながら効率的に進めることが常識となりつつあり、文書作成やコミュニケーションに使うアプリケーションの選択肢も格段に増えています。エクセルやパワポも、数ある選択肢の一つにすぎません。今必要なスキルは、様々なツールを「使うこと」だけではなく「使い分けること」となっているともいえます。

時代の変化が新しいスキルを求め、人がそれに適応した結果、そうした技能を持ち合わせていることが、ビジネスパーソンの常識（前提）ともなっているのです。

こうした変化は、「どういったツールを使うか、使えるか」という話に留《とど》まることではありません。「ツール」だけではなく、これから触れる「考え方」にも起こっている変化です。むしろ、この「考え方に関する変化」と、それへのキャッチアップのほうが、ずっと重要であると私は考えています。

例えば、１９５０年代後半から70年代前半の、高度経済成長期における日本では、多くのメーカーが少品種大量生産に励み、多くの消費者に同じ物を大量に消費してもらおうと考えていました。その製造のプロセスでどのような廃棄物が出るか、どれくらいの二酸化炭素が排出されるかについては、ほとんど無頓着《むとんちゃく》でした。

消費者のほうも、無頓着でした。そして、メーカーが作る「これまでになかった便利なモノ」が手に入るなら、一生懸命稼いで、それを手にしようとしていました。

これが、ほんの50年ほど前の常識です。今、公害を生んでても商品作りを進めるべきだと考える企業はありません。それを許す消費者もいません。「考え方」が変わったからです。

付け加えると、「大量に生産され、皆が持っているものが欲しい」と考える消費者も減りました。他人が持っていない、自分らしいものが欲しいと考える人が増えています。あるいは、欲しいものが見つからないという人もいます。つまり、「欲しい」とわかっているものはすでに手にしているとも言えます。

そのような状況に呼応して、企業の側も変わってきました。そうした人たちに対し、企業は、これまでになかった新しいものを提供しようとしはじめているのです。

また、スキルやツール、考え方だけではなく、私たちの「働き方」自体も変わってきました。

例えば「終身雇用」という概念も、そのスタートは戦後とされ、1950～70年代の間に定着したとされます。あたかもずっと日本にあった常識のように思われることもありますが、実はまだ数十年の歴史しかない新しいコンセプトです（そして実際に「終身」で雇用されていた人は、どれくらいいるのでしょうか?)。

戦後は安定を求める人々が多く、企業側も長期目線で社員育成をしていきたいという考えがあり、双方にとってメリットがあったため、このようなコンセプトが定着したのだとは思います。しかし、現代においてこの概念は、すでに誰も保証できるものではなく、もはや崩壊していると考えるべきでしょう。私が就職活動をしていた20年ほど前には考えられなかったようなことが日本企業にも起きているのです。

どこかで終身雇用という幻想を捨てきれていない人や企業もまだ多くあります。もちろん終身雇用自体が悪いという話ではありません。ただ、考えるべきは、それがもたらす行動や意識が「これから必要になるスキルやツール」とつながってくるのかどうか、ということです。

日本の転職率や人材流動性が欧米並になるにはまだまだ時間がかかるでしょう。そもそも欧米並になるのが本当に良いかどうかすらわかりません。ただし、確実に起こりつつある変化に照らし合わせ、自身の現状に問いかけをしたうえで、行動を起こす人とそうではない人の間では、将来に差が出てくるのは当たり前の話です。

こうした新しい時代に企業で働く人たちには「新しいスキル」、そして「新しい考え方」

が求められているのです。

「考え方の変化」は加速している

ハーバードビジネススクールのロザベス・カンター教授が、「イノベーションという言葉は6年周期で流行する」と指摘したことについては前述しました。

アメリカの場合、新任のCEOがイノベーションをぶち上げ、それがうまくいかず次のCEOがまたイノベーションを目指す——その周期が6年なのではないかとも言われています。

確かに6年間というのは、私の実感ともそれほどかけ離れていません。今後はその周期がもっと縮まるだろうとも予感しています。

2023年の今を、今から5年前の2018年にどれくらいの人が想像し、的中させることができたでしょうか。2018年といえば、前年にリリースされたTikTokが流行《はや》りはじめ、プロ野球の大谷翔平《おおたにしょうへい》選手がメジャーリーグに移籍、本庶佑《ほんじよたすく》さんがノーベル生理学・医学賞を受賞した年です。

その5年前の2013年はどうでしょうか。日本では、インターネットを使った選挙活動が解禁された年であり、ソフトバンクがアメリカのスプリントを買収した年であり、NTTドコモが3大キャリアの中では最も後発でiPhoneの提供を開始しました。

さらに5年前の2008年は、小林誠《こばやしまこと》、益川敏英《ますかわとしひで》、南部陽一郎《なんぶようういちろう》の各氏がノーベル物理学賞を、下村脩《しもむらおさむ》氏がノーベル化学賞を受賞した年であり、ツイッター、フェイスブックの日本語版の提供が始まった年です。

こうして並べてみると、2023年から2018年の間の5年間のほうが、それまでよりも短く感じられないでしょうか。私が年を取っているからそう感じるという面は否定できませんが……別のデータも見てみましょう。

スマートフォンの世帯保有率を比較すると、2008年には調査対象外だったのが、2013年には62・6%になり、その5年後には79・2%になっています。そして2022年には90%を超えました。一方の固定電話は2008年には90・9%と9割を超えていましたが、2013年には79・1%と8割を切り、2018年には64・5%になっています。

(総務省「通信利用動向調査」)。

しかも、スマートフォンの使われ方も変わってきています。かつては携帯電話を代替するだけのものでしたが、今ではすっかり手放せないものになっています。人はスマートフォンの画面にかかっているロックを1日に100回、200回というペースで解除しているとも言われています。いつの間にか「人間が1日の中で最も頻繁に繰り返す行動」になってしまいました。今から15年前、ツイッターやフェイスブックが日本語で使えるようになった年に、はたして、こうした使われ方を想像できた人がどれだけいたでしょうか。

こうした時代にビジネスを続けていくには、企業は環境の変化に応じて、「柔軟に、素早く変われる体質」になる必要があります。もはや、未来を正確に予測することなど困難だからです。

今でも「5年後（最大20年後くらいまでのご相談を受けることがあります）の未来のトレンド予測をしてほしい」というご相談を受けることはあります。数年単位で誰も予想できなかったような変化が起こる昨今、これはとても難しいご相談です。このような時代には**「未来を予測」するのではなく、「自らの手で創る」ほうが確実です。**

実はこのような言葉は歴史の転換期に多くの偉人が残しています。エイブラハム・リンカーンやピーター・ドラッカーも「The best way to predict the future is to create it」（未来を予測する最善の方法はそれを自ら創ってしまうことだ）という趣旨の言葉を残しています。

問いかけは、この創るべき未来の道標となります。

今、〝問いかけ〟の力が必要な理由

私たちは、学校教育を通じて、〝答えを探す力〟を磨いてきました。企業に就職してからも課題解決を仕事としてきたという人は少なくないでしょう。

しかし今の時代に求められているのは、「答えを探す力」ではなく、それ以前の、「問いを立てる力」だと言われはじめています。

グーグルという企業をご存じない方はいないと思います。世界でも1、2を争うテックカンパニーであるグーグルの元CEO、エリック・シュミットは、雑誌のインタビューで次のようなことを語っています。

私たちは、答えではなく問いかけで会社を経営している（We run the company by questions, not by answers.）

この発言は、誰もがグーグルの存在を知っている現在のものではありません。まだIPOを果たしたばかりの、2006年当時のものです。

この発言の意図を私なりに解釈すると、グーグルは、訪れる未来を予測し、つまり、答えを想像してそこに向かってきたのではなく、「こんなことはできないか」「どうしたらこんなことができるか」と問いながら、「そうであればいいな」という未来を創ってきたということです。事実、現在様々な経営者とお話をしていくと、「生産性における競争力（Operational Competitiveness）」よりも「クリエイティビティにおける競争力（Creative Competitiveness）」をより重視する声が目立ちます。

私が所属していたIDEOでも、日常的に「問いかけ」から様々なことを始めていますが、なぜ、答えを探すことよりも、問いを立てることのほうが大事だと考えるのか――こうした価値観が生まれ、世界ではすでに根付きつつある理由を私なりに考え、整理すると以下の5点に集約されます。

問いが重要になる理由（1）知識や専門性から、好奇心やクリエイティビティへ

一つは先述したように、あらゆる情報へのアクセスができるグーグルのようなサービスや、それをいつでもどこでも瞬時に可能にするデバイスの登場により、知識や情報の価値と希少性が低下したことです。

知識にアクセスするのが困難だった時代は、知識を持っていることで、他者に対して優位を保てました。しかし今は、誰もが同じように持っているスマホで、誰もが同じようにアクセスできるグーグルで、誰もが同じように答えにたどり着けます。

知らない英単語の意味はもちろん、昨年の日本のGDPや、現在国会で審議されている法案の内容、アルミニウムの比熱、ヨーロッパでの音楽の流行も、すぐに調べることが可能です。誰もが簡単に、普遍的な知識や客観的な情報を手に入れられます。

これは、そうしたことを知っていることの価値の低下を意味します。**かつては知識や情報、それらを知っていることには高い価値があると認識されていましたが、今は、そうした〝答え〟にさほど価値が見出《みいだ》されなくなっているのです。**

ではどこに価値があるか。

どんな答えを探そうとするか、どうやって探そうとするか、あるいは、何を答えとして創ろうとするか——その原点にある「好奇心」に価値があるのではないでしょうか。

現在イノベーションに関わるセオリーのほとんどは、ヨーゼフ・シュンペーターの「新結合」的な概念をベースにしています。デザイン思考やオープンイノベーションのようなものにもその要素はあります。イノベーションの大御所で『イノベーションのジレンマ』で著名な元ハーバードビジネススクール教授のクレイトン・クリステンセン（2020年1月に逝去）の言う「一見、関係なさそうな事柄を結びつける思考」とも符合します。

従来は一つの枠の中で点と点をつなぎ合わせて状況を分析していたのに対して、今はまったく違う枠同士の点と点を、枠を越えてつなぐような考え方が求められるのです。そのためには、「そもそもどんな枠があるのか？」「その関わりはどこにあるのか？」といったことを考える好奇心が重要です。

問いが重要になる理由（2）「モノ」から「コト」へ

知識の普遍性が高まるにつれ、「体験」のような「コト」の価値が向上しているといった話を耳にする人は多いのではないでしょうか？

世界中の場所に片手で瞬時にアクセスし、景色を見ることができるようになった今、その場所へ実際に行き自分自身の目で視て体験することの価値はむしろ上昇しています。「良いモノを作る」だけでは、消費者にお金をたくさん払ってもらうことはできなくなったという実感はあります。そのモノの周り、前後左右にある体験にまで気を配らなければ、消費者はその全体を「一つの体験」として買ってくれません。

とはいえ、「モノ」のほうは、その位置づけが変わっただけで、価値がなくなったわけでは決してありません。モノを作るメーカーが不利になっているかというと、そういうわけでもありません。例えばＩＤＥＯが関わったクライアントの中にも、今までサービス業一筋であったにもかかわらず、物理的なモノを使ってその体験を向上させるためにデバイスの製造を始めたところがあります。

要はモノとコトの距離が近づき、より密接な関係になったということなのです。

「モノ／コト」について考えるうえで、もう一つ押さえておくべき要素として「デジタルの台頭」があります。

今「デジタル」というものを完全に無視してビジネスを考えられる企業はないのではないでしょうか？　ＩＤＥＯ時代にもデジタル変革やそのリソース開発などのご相談が多くありました。興味深いのは、**デジタル戦略に取り組むことでその企業が本質的に問われるのは「自社がデジタルな体験を通じてユーザーに提供したい無形資産は何か」ということ**なのです。

例えば、自動車メーカーであれば今までその企業が蓄積してきた「安全に関わるノウハウ」、ベビー用品メーカーであれば「赤ちゃんや子どもの行動に関する研究内容」があるかもしれませんし、食品や飲料メーカーであれば「味覚に関するデータ」がたくさんあるかもしれません。驚くことに、こういった情報や経験値が〝お蔵入り〟になっているケースが多いのですが、デジタルというものと付き合っていくと、活用する機会も多くあるわけです。

また、デジタル戦略を通して、その企業の持つイメージや思想、行動原理などにもスポットライトが当たるため、消費者はそれらを包括的に見ることになるのが「デジタル化した世界」です。だから、それを良く知るＩＴ企業がプロダクト以外の活動に積極的に取り組むようになっているのは、実は自然な流れなのです。

問いが重要になる理由（3）常識から非常識へ

「何かを新たに創造する」（24ページ）ということは、「なかったものを創る」ということであり、今あるものを否定することでもあります。これまで常識とされてきたことを、「実は常識ではないのでは」と疑ってみることでもあります。

ここで重要なのは**「常識」というものには賞味期限があり、変化していくものであるという認識**です。もちろん、その時代が決めた社会のルールや価値観には、理解と一定の敬意を示す必要があります。しかし、今のような時代の変わり目には、この常識と非常識の境界線を探る力が求められます。

身近な例を挙げます。

多くのビジネスパーソンはここ一番のプレゼンに臨む際、スーツを着てネクタイを締めます。それが常識とされているからです。私自身も新入社員の頃はそう教えられました。ところが数年後、上質な黒いタートルネックにデニムという服装でステージに上がり、自社の新商品を紹介するという、常識に迎合しない人も現れました。次第にこれは「反逆的なシリコンバレーのジェスチャー」ではなく、普通のことと捉《とら》えられるようになりました。

今では世界中の経営者がカジュアルな服装でプレゼンテーションをしており、むしろスーツでプレゼンをすることに野暮ったさを感じる流れすらあります。

上手な反逆と、無知／無関心／失礼とは根本的に違うものです。さじ加減はなかなか難しいのですが、こういったアプローチを選択肢の一つとして持つことを可能にするためには、世の中で人々が感じている常識や非常識に対して、人一倍感度を高くアンテナを立てている必要があると思います。

また、過去を振り返っても、イノベーターと呼ばれる人たちは、画一的な従順さを持ち合わせる人たちが上手な反逆を受け入れたり、実施しやすくなったりするような環境の整備を重視してきました。

そうして、常識を新しい常識で上書きする人が現れると、私たちは次の新しい常識を待ち望むようになります。新しい常識、そして、それを提案できる人を求めるようになるのです。

問いが重要になる理由（４）〝なぜ〟だけでは原因にしかたどり着けない

なぜを５回。かつてトヨタで働いていたときも頻繁に耳にしていた言葉であり、これは非常に有効なアプローチです。一方で特徴としてあるのは、基本的に「なぜ」というものは、過去を探るアプローチであるということです。「なぜそれは起きたのか？」「なぜこのようになったのか？」「なぜスーツにネクタイという常識があるのか？」――その答えはおそらく過去の歴史の中にあります。

しかし、そこで留まってしまうと、そこから得られる解は「スーツが着られるようになった背景」「ネクタイの果たしてきた役割」など、やはり過去からしか導き出されません。その〝Why？＝なぜ〟という問いを、時間を遡《さかのぼ》って突き詰めようとするのではなく、未来へ向けて展開すると、それは、〝Why not？＝なぜやらないの？〟〝What if＝もしこうだったら？〟〝How might we＝どうすればできる？〟と広げていくことができます。


「なぜ○○しないのか？」

「こんなことをやってみたらどうだろう？」

「もし○○の代わりに△△だったら？」

「どうしたら○○をせずに○と△を表現できる？」

こうした問いのように、「なぜ」から生まれるもう一歩先の洞察がアクションを生み、新しいものを生み出せるのです。

問いが重要になる理由（５）戦略から文化へ

今、世界中の優秀な経営者が最も真剣に考えているものの一つが、組織の「文化」という目に見えない課題です。

ピーター・ドラッカーは“Culture eats strategy for breakfast.”と言っていますが、これは「文化の前では戦略など朝飯前で喰《く》われてしまう」、文脈も含めて意訳すれば、「企業の文化は戦略に勝る」という意味です。

この言葉の意味するところは、どれほど企業が自らをより良く変えるためにより良い戦略を構築し実行しようとしても、企業文化が変わらなければ、その戦略によって企業が変わることはない、ということです。また、特に今の時代のように「会社」というものが同じ一つの大きな「ビル」の中で働くものだけではなくなると、より一層その会社の持つ文化を形作る要素が重要になります。

ところが、古くから言われていることではありますが、変わろうとして文化を変えられる企業は多くありません。だからこそ今、**変わりたいと思っている企業が欲している人物は、戦略を立てられる人物ではなく、文化を少しずつでもいいので変えていける人物。**これまで見つけられていないその方法を、自らの行動を通して提示できる人物です。

今、求められるのは「チームと共創できる」リーダー

こうした変化の波の中で、求められるリーダーの定義も変わってきました。

日本では「リーダーシップ」について体系的に学んだり、議論をする機会が学校や企業においてもあまりないように感じるのですが、欧米では必修科目です。例えばハーバードビジネススクールでは1年目の必修科目としてリーダーシップに関わる授業が実施されています。そしてその内容は時代と共にアップデートされていきます。

かつてリーダーといえば、いわゆる〝ボス〟のことでした。豊かな経験と広い知識を持ち、部下を統率し育て、明確な指示も出す人が理想的なリーダーとされ、部下の側もそうしたリーダーを好ましく思い、慕っていました。

これは、「答え」が明確な時代の、リーダーと部下のあり方です。リーダーの経験と知恵によって導かれる明確な答えを、部下がありがたく受け取り、疑問を挟むことなく行動に移せばよかった時代の話です。

スティーブ・ジョブズのように圧倒的なセンスとカリスマ性を持ち合わせている場合は、自分のアイディアを具現化するために周囲を使い、ジョブズが上（ボス）、周りの人が下、という上下関係が成立するかもしれません。そうして誕生した製品やサービスは確かに魅力的でした。

しかし、彼自身が切り拓《ひら》いた新しい時代においては、少し違ったアプローチが求められています。ジョブズのスタイルは再現性が極めて低いということもありますが、理由はそればかりではありません。

カリスマ経営者のワンマン企業より、国籍も人種も性別も異なる人たちがフラットに議論できる企業のほうが、今は好ましいと思われる時代だからです。

特にダイバーシティ（多様性）の重要性を多くの人が理解するようになった今の社会では、強力なリーダーとそれに従う人たちによるチームよりも、背景の異なる人たちが集まって共創するチームのほうが、より魅力的なだけではなく、実際、よりスケーラブルなのです。

飲み会で自分だけが自慢話をするリーダーは嫌われます。ランチタイムに部下の関心事に共感してくれるリーダーは愛されます。そして、リーダーに対するメンバーからの評価と、チームに対する外からの評価にはブレがありません。

これからのリーダーは、進むべき道が明らかでなくても、クリエイティブで勇敢なアイディアを促し、創造し、そして実行することが求められます。そしてそれらはすべて、問いかけることから始まるのです。

ちなみにIDEOのco-Chair（共同会長）のティム・ブラウンは、これからのリーダーには次のような役割が求められるとしています。

・**冒険者**：自身も模索しながら一歩引いて大きな問いを投げかけ、進むべき道を探求する

・**庭師**：クリエイティビティが発揮されやすく、問いかけることができる環境、文化や土壌を育《はぐく》む

・**プレイヤー／コーチ**：単に上からのリーダーシップを行使するのではなく、自身もいちプレイヤーとしてチームに寄り添う

・ストーリーテラー：リーダーはストーリーを紡《つむ》ぎ、そして時にはそれを共感を呼ぶカタチで伝える（スティーブ・ジョブズはこの天才だった）

また、〝より好ましいと思われる組織〟になることやリーダーが様々な役割を担うことを目指すなら、そこで求められるリーダーは、以下の力を持った人物ではないでしょうか。

・リーダーとしての問いかける力

これはまさに本書のトピックですね。もしあなたがリーダーとして、部下やチームメイトが「答え」や意思決定を求めにくるのを待っているようであれば、少しリーダーシップのスタイルを変えてみてもいいかもしれません。リーダーの仕事は、チームが取り組むべき挑戦を描きやすくしたり、誰のためにやっていることなのかについての考えを豊かにしたりするための「問いかけ」をすることです。

なかには、「質問に質問で返すな」などと言う人もいますが、実は今、本当に必要なのは「質問に質問を重ね合えるようなチームの関係」なのです。質問に質問を返せない関係は、基本的には一方通行で、共創の土壌としては望ましくありません。

また、リーダーとしては、一人でできることは限られていますので、周りには自分にも良質な問いかけをしてくれる人を集めるべきです。

・弱さを見せられる

「リーダーは必ず答えを持っていないといけない」——これは大いなる勘違いですが、多くの場合リーダーはそのようなセルフイメージを自らに課してしまいがちです。そして、そうすることで自身のチームや組織がクリエイティブになる「余白」を大幅に狭めてしまっています。この幻想は問いかけを積極的にしていくことでも是正することができます。

逆に、リーダーが「その答えは私もわからないんだよね、一緒に考えてみよう」といったスタイルをとることで、チームや組織のメンバーが創造性を発揮することの許可感をつくり出すことができます。また、完全無欠な鉄壁のリーダーよりも弱みを見せられるリーダーのほうが近寄りやすく、周りも正直に接することができます。

・共感力

多くの場合、リーダーのポジションにいる人は、チームや組織の中で少し違う立ち位置にいます。例えばそれは年次であったり、物理的な場所であったり様々です。そこで最も危険なのが、相手の状況や境遇に対して共感力を失っていくことです。一方で、様々な立場の仲間に共感する姿勢を持つリーダーがいるチームは、個々が自信を持ってクリエイティビティを発揮し、結果として成果を挙げている、というケースを、私もIDEOの仕事を通じて度々見てきました。

できる限り相手の立場に共感する努力をすべきですが、その第一歩は「純粋な興味」です。これは「それ本当に面白いの?」といったような、はなから共感する気がないというメッセージを伝えてしまう聞き方では示せません。例えば「それ自分もやってみたいんだけど、教えてもらえないかな」といったように歩み寄れば、相手の姿勢もオープンになります。また、実際に自分自身も「やってみる」ということをしないと、まず共感は生まれません。これについては後の章でも触れていきます。

ここまでは、現代において「問いかけ」の力が必要になってきた背景や私たちの持つマインドセットについて説明しました。次章からは具体的な「問いかけ」のメリットや効果について触れていきたいと思います。

第2章 「0→1の発想に役立つのはどんな問いか」

どんなときに「問い」が活きるか

もしあなたが「0→1」で何かを創らなければいけない、もしくはそれを志している、あるいは何かを「変えたい」と思っているのであれば、「問いかけ」をベースに考えることは非常に効果的です。

そもそも私たちのすべての行動のベースには、なんらかの問いかけがあります。

「どうすればこの相手を説得できるだろうか?」
「どの道で行けば早く帰れるだろうか?」
「どうすれば効率よくこの料理を作ることができるだろうか?」

このような問いかけは、「1+1=?」といった明確な「答え」のある問いかけとは本質的に違うものです。

実は**私たちが日常的に考えたり触れたりする問いかけは、「答え」が一つであるものの**

ほうが少ないと思いませんか？ これはビジネスの場面でも同様です。

実際私がご相談いただくクライアントが直面している状況は、多くの場合「１＋？＝？」、あるいは「１×？＝？」といえるようなものです。言ってみれば、自社や自分たちが次に進むべき方向を選ぶことに困っているうえに、その先でどのようなことをすべきかというアイディアもなかなか浮かばない状況です。

それぞれ状況や生まれる背景も違いますが、頻繁に耳にする悩みのパターンがいくつかあるので、ここで紹介しましょう。例としては次のようなものがあります。

①「社内だけで取り組んでもなかなか良いアイディアが出ない」
②「社外と組んでやってみたが、その先につながらなかった」
③「既存の事業のカイゼンや、社内のどこかから『見つかってしまった』リソースの活用をしなければいけなくなり、まったく新しいことができない」
④「何から手をつけていいかわからないが、とにかくこのままではダメだとわかっている」
⑤「マネジメントや外部組織などから言われ、ＩｏＴ（モノのインターネット）やデザ

イン思考など、最近のトレンド領域で何かやらなければならない」

これらの悩みに共通するのが、「やらなければならないこと」「できていないこと」に追われすぎて、そもそもの「お題＝問いかけ」を設定できていないことです。逆に言えば、それぞれ「良い問いかけ」があれば突破口が見えてくる悩みであるともいえます。

特に大きな組織では、様々な企画の生い立ちやプロセスが見えにくく、結果的にアウトプットが評価されがちであるため、先述のような悩みが表面化することが多くあります。

また、意思決定の場面においては、上司や役員といった〝マネジメント層の個人〟の決裁を目指すかたちになってしまい、その結果、例えば「なぜこの会社がやるのか」「世の中の人にどんな価値をもたらすのか」といった大きな問いかけが希薄になることもケースとしては多いでしょう。

事業の中で前述のような課題に直面すると、どうしても成果やアイディアを求めて頭を抱えがちですが、本当に必要なのは、クリエイティブなアイディアなどではなく、その前段階でのクリエイティブな問いかけです。

既存の製品をより良いものにすることなど、日本企業は「解決策」を見つけるのは得意です。つまり、良い問いかけさえあれば、その強みをさらに活《い》かすことができるともいえます。これからは、降ってきた問題を、早く正確に解く能力だけでなく、**そもそも解かれるべき問題は何かを探り当て、問いそのものを設定する能力**が求められているのです。

デザイン思考

ここで、デザイン思考（デザイン・シンキング）というアプローチについて触れておきたいと思います。

私が勤めていたＩＤＥＯは、このアプローチのルーツとも言われている会社であり、私も少なからずその影響を受けていますが、この本を「デザイン思考本」にするつもりはありません。ただ、「問いかけ」について考えるときに、デザイン思考のアプローチの本質を知っていただくことは、理解の一助となると思います。

デザイン思考は、もう40年近く経っているアプローチなので、個人的には色々な解釈や定義があっても良いのではないかと考えています。しかし、デザイン思考はあくまでツールであり、それを〝あらゆる問題を解決できる方程式〟として捉《とら》えることは危険です。また、その効果についても、〝プロセスをなぞれば、びっくりするようなアイディアが出てくる魔法の杖《つえ》〟であるかのような誤解を招く説かれ方がされていることもありますが、本質的に重要なのは、その根底にあるマインドセットなのです。

ＩＤＥＯでもどちらかというとデザイン思考のプロセスよりも、そのベースにある〝Creative Confidence（自身の創造性に対する自信）〟や〝Creative Leadership（組織のクリエイティビティをどう活かすかという観点でのリーダーシップ）〟をより大切なものとして伝えています。

さて、ここではデザイン思考について、３つだけ大事なポイントを挙げます。デザイン思考自体を説明するわけではありませんが、「問いかけ」について考えるうえで押さえておくべき点、という観点でお伝えしたいと思います。

（1）人間中心である

本書の中ではこれから何度も「人」という言葉が出てきます。デザイン思考のベースにある考え方は「人間中心（human-centered）」という考え方です。

この「人」が指すものは大きく2つあります。

まず、お客様やユーザーのような「対象」のことを指します。例えば現代のデザインにも多大な影響を残しているディーター・ラムスの言葉に次のようなものがあります。

私たちデザイナーは密室で働いているわけではない。私たちにはビジネスパーソンが必要だ。よく勘違いされるが、私たちは芸術家ではない

人を理解できないのであれば、良いデザインができるわけがない。デザインは人のためにある

デザインは人に「欲しい」と思ってもらえて初めてインパクトが出ます。そのため「人」という観点は抜きにできません。このラムスのコメントについては特に「工業デザイン」を指していますが、形のないビジネスでも、サービス、教育、場……何のデザインにおいても同じことが言えます。

もう一つ、「人」は、時にはそのために行動をする企業や個人のような「つくり手」のことを指します。IDEOの創業者の一人である故ビル・モグリッジの言葉にこんなものがあります。

ほとんどの人たちは、我々の周りにあるほとんどのものは必ず誰かがデザインしたものだということに気づいていない……例えば私たちが日々触れる建物や食べ物でさえもそうだ……同様に世の中のものは我々にもコントロールすることができるということを伝えたい

この言葉は、すべての人に対して「何かを変えるための行動を起こせる」というある種の全能感を持ってほしい、という風にも解釈できるものです。

このようにデザイン思考の源流にある「人間中心」という思想は、「様々な『人』が、『人』のために良いインパクトを起こす」という理想からきていると言えます。

(2) 生まれるのは「答え」ではなく、良質な問い

デザイン思考は「創り出す」ためのアプローチとして生まれているものです。

よくある誤解として、「デザイン思考は、1回通しでプロセスを実行すれば完成された『答え』にたどり着ける」という類《たぐい》のものがあります。

そもそも前提として、現代の市場には「ユーザーに安心して使ってもらえる」レベルのものはあったとしても、「完成品」というものはほとんどありません。そしてユーザーからの期待も同様です。

デザイン思考のアプローチは継続的に続けるものであって、1回アイディアを出せば終了する（答えにたどり着く）ものではありません。

デザイン思考を活用し、取り組んだ結果として生まれるのは、アイディアであると同時に、さらにそのアイディアをより良いものにしていったり、より「欲しい」と思ってもらえるものにするためのさらなる「問いかけ」なのです。ここに、このアプローチの本当の価値があります。

具体的なプロセス自体については以下のような形での説明でよくご紹介しています（実際にはこの各ステップ間を行ったり来たりしながら進むものです）。

67ページの図で示されている流れは、よくあるデザイン思考のステップですが、私が個人的な解釈でさらに簡素化した流れを書いています。

「観て、考え、創って、試して、伝える」——表現としては非常にシンプルですし、やることとしては当たり前な感じさえあります。もしこの図に「問いかけ」という言葉を追記するとすれば、色々な場所に書き加えることになります。スタート時点での「問いかけ」はもちろん、各ステップにおいても「問いかけ」が発生します。いずれにせよ、カギになるのは、各々のシーンでアイディアを発展させる役割を果たす、問いかけです。

デザイン思考のアプローチにおける初期段階での問いかけは、少々抽象的かつ広範囲なものになることが多いのですが、それは**問いかけが可変である**ことを前提にしているからです。リサーチを行い、デザイン思考の流れをたどるなかで、問いかけが再定義され、精度が上げられていく。それが具体的なアイディアを出す手前の作業となります。そして、そこでどのような問いかけをつくれるかによって、出てくるアイディアは幅も深さも違ってきます。

デザイン思考が目的としているのは、問いかけによる「問題解決」というよりは、「可能性」の創出です。最終的にはプロダクトやサービス、何かしらの「具体的なアイディ

デザイン思考の流れ

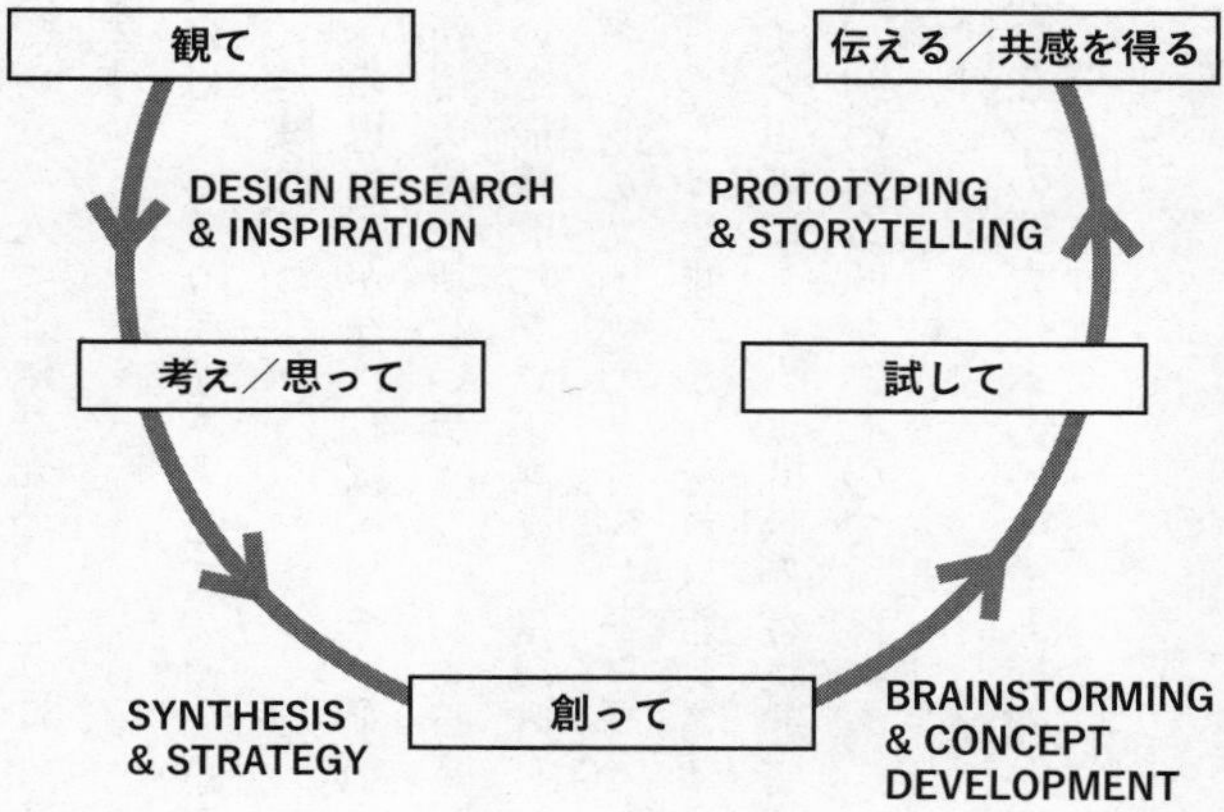

ア」にたどり着くためのものです。そのアイディアの多くは、前例のないものが多いため、取り組んでいる組織や人にとっては新たな価値を生み出す「可能性」があるものになるわけです。

最終的な「答え」が何かということは実際に試してみなければわかりませんが、試せばさらに次の問いかけが生まれてきます。そうしてこのプロセスを繰り返していくことで、徐々に新しいものを創り続ける文化が定着していくと考えます。

（3）行動を促すもの

デザイン思考も「問いかけ」も、真の狙いは、「人」を動かすことにあります。

ここでいう「人」とは、先述のように、ユーザーだけでなく、つくり手を含めての「人」を指します。

そこには、つくり手個人としての働く意義や情熱、自己実現といった意味合いのものも含まれてきます。

〝事業への思い〟がなければベンチャー創業者が創業期の山や谷を越えられないように、社内で新規事業や新しいチャレンジを行う際も、個人の思いやチームとしての気持ち、情熱がないと最終的にプロジェクトは成就しません。その意味で、問いかけは「つくり手の想い」そのものでもあります。「ビジネスに主観が入るべきではないのでは？」と考える方もいらっしゃいますが、それはむしろ望ましいことといえます。

デザイン思考にしても、問いかけにしても、最終的には誰かが行動し、何かを創って形にして、初めて意味があるのです。

以上の3つの要素は本書の中でも何回か登場しますので、念頭に置いておいてください。

問いかけとイノベーション

「イノベーション」や「変革」というテーマは現在、世界的にも熱量を持っており、様々な書籍や文献で扱われています。それらを読み解いていくと、基本的にはマインドセットや認知科学的なものが論点になっていることに気づきます。そしてその多くで「問いかけ」に関わる話が出てきます。

例えば、元ハーバードビジネススクール教授のクレイトン・クリステンセンは著書『イノベーションのＤＮＡ』（翔泳社）において、調査の結果、イノベーティブであると知られるリーダーには、次の５つの行動傾向が強く出たと記しています。

- Associating（関連付け）
- Questioning（問いかけ）
- Observing（観察）

- Networking（ネットワーキング）
- Experimenting（実験）

イノベーションを念頭においた様々なアプローチの広がりによって、この5つの中のAssociating、Observing、Networking、そしてExperimentingの4つの重要性は様々なところで説かれていますが、Questioningについてはまだまだ注目されていないように感じます。クリステンセン教授のリサーチによれば、前述のようなリーダーは圧倒的に他者よりも様々なことを問いかけていることが特徴としてうかがえるし、行動として最も差が認識しやすい部分であるにもかかわらずです。

「問いかけ」という行為の重要性は理解されているのに、まだ注目が集まっていないのは、おそらく、スキルとして認識されにくいためでしょう。マインドセットや意識、姿勢といった抽象度の高い要素が多いため、方程式的な「ツール」としても提示しにくいのです。

ここで反対側から考えてみましょう。

イノベーティブな人の特徴として「問いかけ」の多さが挙げられましたが、では逆に、

「問いかけ」が少ない人には何か原因があるのでしょうか。

問いかける行為にブレーキをかけている人の理由は主に２つあるとよく言われます。

①「馬鹿」だと思われたくない

②「協調性がない」「挑戦的だ」と他者から思われたくない

ということです。欧米でもこのような感覚は一般的にありますが、日本ではこの傾向が顕著に現れていると感じます。「問いかける」という行為自体、特に公の場では強い抵抗感があるのではないでしょうか？

例えば私は仕事柄、講演をさせていただく機会が多くありますが、講演プログラム中のQ&Aの時間にたくさん質問を受けることは稀《まれ》です。ところが、講演終了後には、個人的にたくさんのご質問をいただくのです。この傾向は、ビジネス・ミーティングであっても同様だと思います。

本来こういった傾向があったとしても、新しいアイディアを発想することとは関係がなさそうですが、「問いかけ」という行動を抑制してしまうことにつながるため、イノベーションを生み出す可能性に影響を与えてしまうと考えられます。

「変化をもたらす問い」とはどんな問いか

「変化をもたらす問い」などと言うと、なにやら革新的で大それたものを考え出さないといけないように聞こえるかもしれませんが、必ずしもそうとは限りません。多くの場合、それは日常に潜んでいる一見なんの変哲もない疑問や気づきから始まります。以前そんなストーリーを目の当たりにする機会があったのでご紹介します。

薬ケース、もしくはピルケースというものを見たことがあるでしょうか？　毎日薬を飲まないといけない人にとって、飲み忘れは一大事です。それを防ぐために、多くの患者は毎週自分で、曜日別に蓋《ふた》の分かれたピルケースに薬を詰めるのです。そのような努力をもってしても、実際には、定常的に薬を飲まないといけないアメリカ人の半分以上は何度も薬を飲み忘れているそうです。

2代目薬剤師だったT・J・パーカーはそんな「当たり前」に疑問を投げかけました。

「どうすればたくさんある薬を毎週手作業でピルケースに詰めないで済むようにできるだろう？」

ヘルスケア業界は巨大な市場規模があるにもかかわらず「当たり前」や「そういうものだから」というものが多く残っている業界です。そこで彼が考えたのは、オンライン薬局とも言えるようなサービス「ピルパック」です（実際ピルパックは実店舗を持ちませんが薬局として認可されています）。

医師に処方された薬は自動的にピルパックと呼ばれる小袋に1回分ごとに仕分けられ、ロールとなって家に届きます。複数の薬を飲んでいる人の場合は、一つの小袋にそれらの薬がすべて入っています。仕分けはロボットによって自動的にされ、各パックにはその薬を飲む曜日と時間が印字され、患者はそれに従ってパックをロールからちぎり取って飲んだり出かけたりするだけです。ビジネスモデルとしてはサブスクリプションで、ロールは自動的に届いていきます。小袋には華美な装飾もなく、印刷されている情報も必要最低限です。

プロジェクトを進める過程で、ヘルスケア業界にある「当たり前」の問題は、飲み忘れ以外にもあることがわかりました。

実は20~30%の患者はそもそも処方箋《しょほうせん》すら取りにいっておらず、さらには心臓発作のような体験をした患者でさえ1/4の人は薬を取りにいっていないという状況も見えてきました。こういった人たちにとっても、まさに生活を一変させるようなサービスとなったのです。

IDEOはこのケースで、ブランディングや戦略、そしてパックのデザインなどを担当しました。

最初は奇抜さを狙っていたパックのデザインも、あくまで使いやすさを考えたものに変更し、登録作業も10ステップから3ステップに短縮するといった工夫をしました。

2013年に立ち上がったサービスは約5年でユーザー数3000万人以上、50州中49州で展開され、100億円の売上げを出すまで成長しました。そして2018年夏、約10億ドル（当時約1000億円）でAmazon.comに買収されました。おそらくこれからさらに拡大することになるでしょう。

参考までに、このニュースが公開されたとき、アメリカの薬局御三家とも言えるCVS

Health、Rite Aid、Walgreens Boots Allianceの株価は8～10%下落しました。薬局セクターのマーケットキャップ（株式の時価総額）にすると約１３０億ドル（当時約１．３兆円）が一瞬にして消滅したことになります。

規制上のハードルもあるかもしれませんが、是非日本にも入ってきてほしいサービスです。

元々は「飲み忘れ」という、ヘルスケアのシステムの上に長らく「当たり前」のこと、しょうがないこととして放置されていた問題をどうにかしようと投げかけられた問いかけは、ピルパックが育つ過程の中で、様々な問いかけに変わっていき、「飲み忘れ」以外の部分にも射程を広げていきました。

数年後にディスラプション（破壊的なインパクトをもたらす変革）と言うにふさわしい大きな変化を起こすだけでなく、薬を飲まなければいけない患者やその家族の生活をより良いものに変えたのではないでしょうか。

問いかけの中に「人」を入れるとポジティブになる

「なんでターゲット層はうちのサービスを使わないのか」
「なぜヒット商品を生み出せないのか」

——これらも確かに〝問い〟ではありますが、あまり創造的な問いとはいえません。こうした「問題」や「原因」を追求するネガティブな問いは、進むべき方向や作るべきプロダクトなどがすでに決まっていて、「カイゼン」を目的とする場合は効果的な場合もあります。ただ、その答えを得るまでの道のりは、過去の事実や既存の状況を分析する作業に偏ることが多いでしょう。

ゼロベースで新たなアイディアを考えるのであれば、ポジティブで前向きな問いのほうが、良い成果を期待できます。

冒頭の問いを少しだけ、ポジティブな問いに変えてみましょう。

「どうすれば首都圏で○○に困っている人たちに私たちのサービスをいつでももっと便利に使ってもらえるだろう？」

「どうすれば私たちは日本でストレスを抱えているビジネスパーソンに新しい通勤体験を提供する商品をつくれるか」


このように〝私たち〟という言葉を入れ、対象となるユーザーに共感を持った具体的な表現に置き換えるだけで、とたんに問いが少し前向きに変わります。つまり、「問いかけの中に『人』を入れる」のです。

こうした問いをスタート地点とすると、

「では、業績の上がる会社とはどんな会社か」

「そもそも自社にとって重要な業績とは何なのか」

「ヒット商品とはそもそもどういうものか」

「誰にヒット商品だと認めてもらいたいか」

「ヒットを通じて本来提供したい価値とは何なのか」

「自社のヒットは他社のヒットとは何が違うのか」

といった具合に、問いを広げていきつつ、そもそも自分たちが「何を創ろうとしているのか」という本質に近づくこともできます。

問い自体がネガティブでは、こういった広がりは得られません。

また、人間は他の「人」のためになることにやりがいを感じるものです（ただ、ビジネスの現場では時々それを忘れてしまいますよね）。そういう意味でも、やはり「人」という観点を入れるだけで少し問いかけがポジティブになるのです。

実際、ＩＤＥＯのクライアントでも「なぜかなかなか前向きなお題がないんですよね」というように悩んでいる場合は、ここがポイントになっていることが多々ありました。

ちなみに、ユーザー自体に問いかける手法の一つに、アンケート等をベースにしたマーケティングリサーチ（マスを対象とした市場調査）があります。これは既存のアイディアの「検証」には有効なのですが、新たにアイディアを「発想」するためのツールとしては使いにくいことが多いです。

よく聞く失敗談としては、コアユーザーやターゲットセグメントを狙ってアンケート調査を行ったものの、概《おお》ね《む》想定通りの結果が出て、そこから新しいアイディアを出すのが難しかった。あるいは、なんとなくマネジメントの決裁の方向性は想像できていたので、ある程度そのストーリーにはまる定量データが活用されてしまっていた、といった例もあります。

アイディアをゼロから発想する段階では、サンプル数にこだわるのではなく、「個人」に焦点を当てることをおすすめします。その人々のストーリーや経験、感情といったものからインスピレーションを得るのです。

また、自社や自社製品にまったく関心を示さない人、さらには憎しみすら抱いているような、「エクストリーム（極端）な人たち」に話を聞いてみることも有益です。そうした人たちの中に、自分たちにはない視点が潜んでいるからです。

そしてアイディアが生まれ、テスト可能なところまで育ったのであれば、マスを対象にした調査をすることももちろん有効です。

チリス（Zyliss）というキッチンツールのメーカーがあります。この会社の顧客は料理をする人です。しかしあるとき、普段の自分たちのコアターゲットではない人たちに、自社の商品、具体的には包丁やピザカッターなどのキッチン用具を使ってもらいました。対象となったのは、高齢者と子どもです。

すると、彼らには共通点があることがわかりました。高齢者も子どもも指先が器用でないので、包丁を手のひら全体でつかもうとするのです。これはチリスにとって新たなヒントでした。

「どうすればキッチン用具を指先の力や器用さがない人でも使いやすくできるだろうか?」

キッチン用具を使う際、指先がおぼつかない人が手のひら全体を使いたがるということは、指先が器用に使える人も手のひら全体を使ったほうが、実は楽かもしれない——と気が付いたのです。

そうして誕生したのが、持ち手の部分が丸くて太いキッチン用具です。手のひら全体の力を使えるこのシリーズは、同社のヒットアイテムになっています。

これは「どうすればもっと売れる新しい商品をつくれるか?」といった問いかけからは生まれない発想だったと思います。

「問い」はこんな風に変えられる

「問いかけは可変」（66ページ）であり、「問いを立てたら、さらに磨いて」いこう――といっても、どうすればいいのでしょうか。具体的な例を挙げて考えてみます。

あなたは人気テーマパークの顧客サービス担当です。最近、新しくできたアトラクションがあり、連日、長蛇の列ができてしまっています。週末となると、１時間、２時間の待ち時間は当たり前。そこで、「行列をなくせないか？」という問いが社内から投げかけられました。

行列を減らすには……。入場者数を制限する、抽選にする、アトラクションの数を増やす、値上げする、などの答えがすぐに思い浮かびますが、ポジティブで新しいアイディアは見当たりません。

そこで、問いを変えます。

「どうしたら1~2時間の待ち時間を、お客さんに楽しんでもらえるか」

「そのために、自分たちは何ができるか」

「どうすれば『待つ』という行為をポジティブなものに変えることができるだろうか？」

「どうすれば待ち時間もアトラクションの一部として楽しんでもらえるだろうか？」

このあたりになると、少しワクワクするようなアイディアが思い浮かぶのではないでしょうか？　例えば東京ディズニーシーの「海底2万マイル」であれば、待っている最中も徐々に地底に近づいていくようなクライマックス感が演出されています。これも誰かが意図を持ってデザインしているものです。


もう一つ、やってみましょう。

あなたは家電メーカーでシェーバーの開発をしています。これまで、より良く剃《そ》れるシェーバーを追求してきました。刃の材質にこだわったり、刃の枚数を増やしたり……しかし、剃った跡をこれ以上、すべすべにするのは技術的に限界です。「すべすべ感を改善するにはどうしたらいいか」という問いには、これ以上答えられません。

ここで、問いを変えてみます。例えば、こういうのはどうでしょうか。

「どうしたらユーザーは『剃れた！』と実感できるか」

そこで必要なのは、刃やヘッドの改善ではなく、剃るときの「いかにも剃れたという音」の演出かもしれません。

問いが変われば、アイディアの方向性が変わり、アイディアが変われば、その後の行動が変わるのです。

問いの原点となる好奇心の抱き方

良い問いを立てるためにできることはいくつかありますが、それらはいつ何をどのようにこなせばいいというように、メニュー化されたものではありません。「これさえ押さえておけば良い問いができる」といった特効薬のようなものもありません。

とはいえ、私たちの日常の中に実はヒントがあります。頻度の差こそあれ、**多くの人は日常的に良い問いを立てている**のです。仕事においても良い問いを立てるには、日常的に問いを立てているその感覚や、そのときの思考の癖を意識し、それを仕事に持ち込むことが一番の近道です。

日常の中で立てている問いとは、例えば次のようなものです。

街を歩いていても、ネットを見ていても、何かを使っていても「これはなぜこうなっているのか」「この建物はどうしてこんなに目立つのか」などと、好奇心を抱くことがあるはずです。観察によって生じる疑問です。

さて、その後の皆さんの「思考の癖」はどのようなものでしょうか。

それを、単なる風景として流してしまったり、「こんな景観はひどい」「あの人の歩き方は乱暴だ」「こんなものをつくるなんて」と批判だけして終わらせてしまったりするのはもったいない話です。せっかく好奇心を起点に問いが生まれたのですから、

「どこをどう変えれば魅力的な景観になるか」
「自分はどういう景観を魅力的と思うのか」
「あの人は何を探しているのか」
「使いにくさはどこから来ているのか」
「使いやすさを犠牲にして優先させたかったものは何か」

といった具合に、自分の好奇心や知りたいと思う気持ちに対して素直になり、面白がり

ながら、問いに問いを重ねていくことを優先させてください。

このとき、ちょっとしたコツがあります。それは、「どうすれば」という言葉です。「なぜを5回」という言葉もありますが、そのように「なぜ」と聞くだけではなく、ここに「どうすれば」を追加する練習をすることで、行動やアイディアにつなげやすいものの見方をする癖がつきます。


何に興味を引かれるか、何を面白いと思うかは人それぞれです。映画や本にはそれぞれ好みがあり、また、同じ映画を観たり同じ本を読んだりしても、面白いと思うところや感想が異なるのと同じです。昨今様々なところで「多様性」の重要さが説かれていますが、IDEOでもチームを組む際、メンバーのバックグラウンド、専門の多様性を重視していました。様々なものの見方が組み合わさることで新たな、今までとは違うものの見方が生まれるという経験があるからです。

物事をただの現象として捉えるだけではなく、その状況や人に共感しながら「なぜ」を考える。そしてさらにそこに「どうすれば」という、自分ならではの色付けをすることで、単なる現象を「気づき」や「インサイト」へと昇華させることができます。

例えば皆さんの職場や家の前の道を眺めたとき、何に気づくでしょうか？

足早に歩いていくビジネスマン。
友人同士なのか、まとまって歩くグループ。
片側だけ渋滞している道路。
張り巡らされた電線。
マンホールに描かれた絵。
セールと書かれた買い物袋をたくさん持った人。
横断歩道のない道路を渡ろうとする人。

普段当たり前にそこにあるものであっても、少し視点を変えると見えるものが変わってきます。例えば、私の周りで海外からの来客が最も頻繁に口にするのが日本の「電線の多さ」です。日本に住む我々は当たり前のものとして受け入れているので、普段は考えることすらないかもしれません。

「なぜ」と考えるのは、あくまで最初のステップです。例えば「電柱の多さ」や、さらに掘り下げれば「地中に埋めるよりもコストが安い」「あらゆる状況でメンテナンスがしやすい」、さらには「電柱自体は災害には弱い」等というデメリットも見えてくるかもしれません。

しかしこれだけではアイディアが出せませんし、行動できません。ここで「どうすれば」の登場です。例えば「どうすれば景観を崩さずメンテナンスのしやすい送電をすることができるだろうか？」というような問いを立ててみるとどうでしょう？

何か思いつける「かもしれない」という、ポテンシャルを感じることはできませんか？

私たちは通常、自らの経験に基づいて、自動的にフィルターをかけて物事を認知しています。これは少し前によく言われた「選択的注意（Selective Attention）」や「カクテル・パーティー効果（Cocktail Party Effect）」のように、脳が見ようとしているものしか見ないという現象にもつながります。

そのようなフィルターがあるなかで見える範囲を広げていくには、「見えていないかもしれない」ものに気づく必要があります。そこでおすすめなのは、自身が普段触れないものや、やらないことを、試してみて、自分の感覚に刺激を加えていくことです。

といっても難しいかもしれませんので、上手に、面白く観察ができるように、昔からある簡単なツールを紹介しておきます。

エスノグラフィー（参与観察／元は民族調査に関する文化人類学の用語）や行動観察で有名なフレームワークで、「AEIOU」という英語の母音をなぞったものなのですが、日本であれば「AIUEO（あいうえお）」と並べ替えたほうが覚えやすいので、その順序で紹介してみます。

A：Activities（行動）
I：Interactions（インタラクション、相互作用）
U：Users（人）
E：Environments（環境）
O：Objects（物）

この「AIUEO」を軸にして、次のような視点で物事を観察してみましょう。

A：どのようなタイプの行動や行為が存在しますか？　共通する行動はありますか？　楽しそう、苦しそうに見える行為はありますか？　面倒くさそうな行為はありますか？　独自の工夫をしている人はいますか？　どのような目的を持って行動していそうですか？

I：どのようなインタラクション（ヒト同士や、モノとヒトの交流や相互作用）が存在しますか？　そのインタラクションはどんな性質のものでしょうか？　それは自発的に起きているインタラクションでしょうか？　それとも何かに反応しているのでしょうか？　まったくインタラクションがない場合は、なぜそこには何もインタラクションが存在しないのでしょうか？

U：どのようなタイプや特徴を持った人がいますか？　共通していることは何かありますか？　場に馴染《なじ》んでいない人、居心地が悪そうな人、困っている人などはいますか？　単独でしょうか？　複数でしょうか？

E：どのような雰囲気を感じさせる場所ですか？　どのような印象を抱かせていますか？　何がその環境を作り出しているのでしょうか？（例：天井高、採光、音、香りなど）

O：どのようなモノがその場の体験価値に貢献していますか？　その場で利用されているアイテムは、何か別のモノで代替することは可能ですか？　何かそこに溶け込んでいないものはありますか？

他にもたくさんの質問が作れるかと思いますが、このような好奇心を持った目で日常を観察するだけでも面白い着眼点がかなり生まれると思います。

そして、もしできればさらに「どうすればこれを◯◯できるだろうか？」と考え、頭の中で何かを変えてデザインし直すということを繰り返してみてください。

発想に役立つ好奇心は、新鮮なインプットから

本来、誰もが生まれながらに好奇心を持っています。ただ、面白い問いかけを発想するために役立つ好奇心に、私たち自身が鍵《かぎ》をかけてしまっていることが多いものです。ハーバード大学の児童心理学者であるポール・ハリスによると、子どもが2~5歳の間にする質問の数は約4万個ということです。また、カリフォルニア大学の心理学者のミシエル・シュイナードによるとその頻度は多いときは2~3分に1問というペースにもなるそうです。あらゆるものに興味を持ち、疑問を持つ子どもは問いかけの達人であると同時に、観察の達人でもあります。

しかしその後、私たちは成長するなかで、自分の好みや学校での勉強内容、職業や周りの友人等に影響を受けながら、「注意を払うもの」を絞っていきます。そして、日常が忙しくなればなるほど、情報の取捨選択をしていきます。20代後半から30代に入る頃にはだいぶこの整理が進んでいることでしょう。これにはもちろんメリットもあります。多忙ななかで効率的に情報を得ていくことは必要です。ただし一方で、情報や視点が画一化してしまうという大きなデメリットもあります。

「追いつけ追い越せ」の時代には、皆が持つ情報にできるだけ早くキャッチアップする必要があったため、効率性を追求することも重要でした。しかし現在は、意志を持って視野を広げる必要があります。

良質なアウトプットのためには良質なインプットが必要なのです（この場合のアウトプットは「良い問いかけ」のことです）。

アウトプットに多様性を求めるのであれば、インプットにも同じものを求めなければなりません。

良質なインプットのことを、IDEOではインスピレーションと呼び、とても大切にしています。直訳では「ひらめき」や「思いつき」とされていますが、現代における定義はどちらかというと「何かを掻《か》き立てる／刺激する燃料のようなもの」といった捉え方のほうが正確かと思います。インスピレーションは、待っていても突然降ってくるものではありません。自分から積極的に「インスパイア」されに行かなければなりません。

今は情報が世の中に溢《あふ》れているので、どこにインスピレーションを得に行けばよいか、選ぶのが大変だと思う人もいると思いますが、逆にいえば、今ほど様々なインスピレーションを得やすい時代はありません。

ネットを開けば世界中のメディアにつながり、インスタグラムを開けば外国でのトレンドや世界の人々の趣味嗜好《しこう》に触れることもできます。もしかしたら新たなファッションやアーティストに出会えるかもしれませんし、私の友人のように、誰かが何かの「100日チャレンジ」をしている様子にインスパイアされて自分も1日1枚スケッチを描くようになるかもしれません。もしかしたらインスタグラムもそのうち古くなり、次のプラットフォームが現れるかもしれません。しかしその変化自体が自分にとっては新たなインスピレーションのもとになるでしょう。

また、デジタルに頼らずとも日本はインスピレーションに溢れた国です。街に出れば様々なデザイナーやアーティストの実験や作品に触れることができますし、店に入れば世界中から選《え》りすぐられた商品が並んでいます。アメリカなどとは違い書店も多く、あらゆるジャンルの書籍を手軽に手に取ることができます。

私がIDEOのパロアルトオフィスで働いていた頃、アメリカの大企業であるクライアントの多くはインスピレーションを得るために日本へリサーチに行きたいとリクエストしていました。「日本では絶対に何か面白いことをしているだろう」と言うのです。海外から見れば、日本はインスピレーションの宝庫なのです。

もちろんインスピレーションを得るうえで、今とまったく違う環境・人に触れたり、やったことがないことを試してみたりすることには即効性があります。

しかし、それだけではなく、気張らず日常的に続けられる範囲でも、インスピレーションを集める工夫をしてみてください。毎日巡回するニュースサイトやアプリがあるのであれば、それ以外の、普段は見ていなかった（使っていなかった）ものを一つでもいいので追加してみる。そんな小さなことの積み重ねを習慣化することで、より広くインスピレーションのアンテナを広げ、豊かな好奇心を養っていくことができるはずです。

この好奇心が、さらに多くのインスピレーションを受け入れるための素地になっていくのです。

リバースメンター

前述したように、私たちは気づかない間に自分たちの見るものに様々なフィルターをかけるようになっています。そして、それが現れる最たる例が「世代間ギャップ」ではないでしょうか？

年齢やライフステージによって行動が変わったり、興味を持つものも変わっていき、他の世代とはギャップが生まれていきます。これは当たり前ですし、仕方のないことでもあります。ただ、このギャップとの付き合い方次第で、「問い」の広がりや、共感度を大きく変えることができます。

例えば数年前に、あるクライアントと金融に関するプロジェクトに取り組んでいたときのことです。

私たちはお金にまつわる行動・考え方などを調べていたのですが、その中で「割り勘」

という行動を観察することがありました。皆さんは友達と一緒に外食をして割り勘にするとき、どのようにしていますか？　私の世代なら、金額を人数で割って、それぞれ現金を出して精算するというのが当たり前でした。

しかし、そのときの観察対象であった20代の方たちの行動は、まったく違っていました。振込先の口座番号をＬＩＮＥやチャットで教えあっていたのです。当時はまだLINE Payのような送金サービスもありませんでしたので、オンラインバンキングで振り込んでいました。私の世代の感覚・行動とはまったく違うものだったのです。

それは、自分と世代ギャップがある人に好奇心を向けていなければわからないことでしたし、そういった気づきは、その後のサービス開発にも大きく影響しました。

今まで数百社の方とお話しさせていただくなかで興味深かったのは、多くの場合、若手**社員は面白い「問い」やアイディアを思いついても、上司や年代の離れた先輩とは共有していないということです。**

「こんなことをしてみたらどうだろう？」「こんなことができるんじゃないか？」ということを思いついていても、それに蓋をしてしまっています。なぜかと聞いてみると「そもそもその価値を理解してもらえない」「茶化される」「実際に起きている現象を見ていないので、その機会（アイディア）に共感してもらえない」といった回答が返ってきました。組織の文化としてはまずい状態です。

しかも、実際にそのアイディアの内容を聞いてみると、どれも面白い話ばかりでした。

例えば数年前「June」というスマートオーブンが話題になったことがあります。これは１５００ドルもする高級オーブンなのですが、カメラが内蔵されていて、画像認識で材料や料理、さらには焼き具合も自動認識して調整してくれるというものでした。また、カメラ機能の副産物として、食材が焼けていくところを動画として残し、ＳＮＳでシェアすることもできます。それを見たある日本の電気メーカーの若手社員は、ＳＮＳをはじめ様々なところで「調理ビデオ」が流行《はや》りはじめていたことにも着目していたため、「人は料理の完成形だけではなくその過程も見せたいんじゃないか？」と考え、さらには「どうすれば自分の調理過程を他人と共有したくなるようなカタチで残すことができる家電をつくれるだろうか？」ということを考えていたのです。

ところが、彼がこれを社内で共有することはありませんでした。その大きな理由は「食べ物や料理をする過程をオンラインで共有したい」という欲求について共感してもらうことはおろか、「写真や動画をオンラインで共有したい」という欲求すら〝上〟の人たちに理解してもらうことができないので、言うだけ無駄、ということでした。

残念ながら似たような状況は多くの職場で起きているのではないでしょうか。

IDEOのシニアパートナーで創業者の弟でもあるトム・ケリーの言葉で私が最も感銘を受けたのが、

「マネジメントの最も重要な仕事の一つは社内の最高の考えや気づきがスムーズに組織を流れ、自分たちのところまで流れてくる仕組みをつくることだ」

というものです。

その仕組みとしておすすめしたいのが、「リバースメンター」というものです。

メンターや職場先輩制度はふつう、若手社員に対してベテラン社員がメンターとして付きますが、その逆、つまり、ベテラン社員に対して若手社員がメンターとして付くのです。

IDEOの経営陣はリバースメンターを付けています。例えば、CEOのメンターは20代の社員であったりと、経営陣に対して、人生もキャリアも浅いけれど、自身とは違うものを面白がったり、日常的に違う行動をとっている若いメンターが付くことで、経営陣は若者の思考や行動を目の当たりにできます。そして、そこから学ぶことが非常に多いのです。重要なのはそのギャップを認識することであり、そこに蓋をしてしまうのではなく補完することです。

これは明日にでも実施可能ですし、リスクも低い試みなのでおすすめなのですが、そこまでは自分の会社ではできないという人は、まずはお子さんや親戚《しんせき》の子に「何かを教えてもらう」体験をしてみるとよいでしょう。そこで得られるインスピレーションは計り知れません。

ちなみにリバースメンターは、ＩＤＥＯの専売特許ではありません。例えばＰ＆ＧのＣＥＯを務めたＡ・Ｇ・ラフリーも若いリバースメンターを付けていました。自分の常識は若い人たちの常識とは異なるという認識のもと、打てる手を打っていたのです。

「問い続ける」だけではなく、「問いに共感する」ためには、こうした工夫も必要です。

問いを立ててからアクションに至るまでのプロセス

前述のように、デザイン思考同様「問いを立てる」という行為は非連続的なものなので、方程式めいたプロセスとして提示するのが良いとは思っていません。ただ、ある程度体系立てていないと理解が難しい面があることも事実ですので、ここで整理しようと思います。

「問いかけ」というものをもしステップで分けるのであれば、まずは「**①最初の問いの設定**」、次に、「**②問いを育《はぐく》み、変化させる**」、そして「**③問いの確からしさの検証**」と分けられます。この中で②と③はサイクルを描くように繰り返し行っていくものです。

それぞれについて、具体的に見ていきましょう。

①最初の問いの設定

最初にどのような問いを立てるかは非常に重要です。発展性があって、挑戦的であってもいいと思いますが、願わくば、最初の問いはやはり「ワクワクするようなもの」であるべきです。

良い問いかけとは、様々なアイディアを創出できそうな可能性を感じさせるものです。「ワクワクする」「可能性を感じる」のさじ加減がポイントになってきます。

例えば、「空港でのチェックイン体験」について考えているとしましょう。

広すぎ・抽象度が高い問い↓「どうすれば空港のチェックイン体験を改善できるか？」

狭すぎ・具体的すぎてあまりワクワクしない問い↓「どうすれば空港でグランドスタッフの時間を取らないようにお客様に自分のスマートフォンを使用して調べてもらうか？」

可能性を感じさせる問い↓「どうすれば空港カウンターでの体験を親や子どもにとってときめきやうれしさのある便利な体験にできるだろうか？」

次は、「アイスクリーム」をテーマに挙げてみましょう。

広すぎ・抽象度が高い問い↓「どうすれば新しいデザートを作れるだろうか？」

狭すぎ・具体的すぎてあまりワクワクしない問い↓「どうすればアイスクリームが溶けてこぼれないようなコーンを作ることができるだろうか？」

可能性を感じさせる問い↓「どうすればアイスクリームを子どもが楽しく持ち運べるようにできるだろうか？」

なんとなく〝さじ加減〟を感じ取ってもらえましたでしょうか。最後にもう一つ「ベビーフード」に関する問いだとどうでしょう。

広すぎ・抽象度が高い問い↓「どうすれば新しい離乳食を作れるだろうか？」

狭すぎ・具体的すぎてあまりワクワクしない問い↓「どうすれば電子レンジで簡単に調理できて保存もきく離乳食を作ることができるだろうか？」

可能性を感じさせる問い↓「どうすれば離乳食を親も健康な食生活を始める機会にできるだろうか？」

このバランスを取ることは、問いを立てるなかで最も難しい点かもしれません。慣れていない場合、こういった問いを考えるのに数時間かかってしまう方もいたくらいです。

IDEOではこの「どうすれば○○できるか」という問いかけを「How Might We…」という表現で設定します。このHow Might Weという問い方のルーツは70年代まで遡《さかのぼ》ることができ、今ではIDEOを含め様々な場で使われているものです。このフレーズを解体すると、それぞれの言葉には次のような意図が込められています。

How：どのように＝解決法があることを前提にしている。何かを創造できるという確信を与えてくれる

Might：Canとは違い「できるだろうか？　できるかも？」という曖昧《あいまい》な可能性

We：一人ではなく、一緒に考える

日本語訳をすると失われてしまう意味合いもあるのが残念ですが、右の〝意図〟を頭に置きながら、是非このフレーズを使ってみてください。より問いを立てやすくなると思います。

さて、「How Might We」を使って問いを立てるときに意識すべきこととしては、次の3つです。

①対象は誰／どんな人なのか？
②どんなインパクト（効果／影響）を与えたいのか
③求めている「答え」を示唆しない

どうしても難しいという方のために練習用のテンプレートを用意しました。

どのようにして、
[Who＝どのような人／状況」に対して、
[Action/What＝どのようなアクションを起こす／促す／提供する／作り出す」ことで、
[Change Something＝与えたいインパクト」を届けることができるだろうか？

How Might We

(Action/What) for
(Whom) in order to
(Change Something/Impact)?

このように簡潔に書いてしまうと「方法論」のように見えてしまいますが、これをなぜって問いをつくればいいというわけではありません。大切なことは、先入観や思い込みを取り払い、自分が感じたこと、見たこと、気づいたことを、ありのまま問いかけにしてみることです。

「これ、面白いな」「なぜこうなっているんだろう」と感じたとき、それを素直に言語化することが第一歩です。素直な好奇心を持つ子どものような感性が求められます。我々人間は「できない／やらない理由を考える天才」であることも心に留める必要があります。

また、問いを立てるときに意外と忘れがちなのが、「当たり前」のことや「できないこと」には賞味期限がある（46ページ）という事実です。昔はできなかったが、今の技術では可能になったことはたくさんありますし、昔のユーザーと違って今日のユーザーなら受け入れるかもしれないこともいくらでもあります。「前にも考えた」「誰かがもう考えているかも」「こんな問いできるわけないか」「こんなの当たり前か」などという先入観に縛られず、まずは素直に問いかけにしてみてください。

②問いを育み、変化させる

個人やチームで最初の問いかけをつくったら、まずはその解を見つけようとするのではなく、「どうすればその問いをさらに良くすることができるか」を考えます。

例えば、どのようなところにその問いをさらに育むインスピレーションがありそうかと考えてみる。そこに出かけていってインスピレーションを得た結果、問いが変わってしまっても構いません。

自分で足を運んで気づきを増やすリサーチを実施することは重要です。すでにある問いを良くするだけでなく、新たな問いを思い付くかもしれない。例えば、想像していたことと現実のギャップを知り、自分たちの立てた問いに対する考え方が変わることも頻繁にあります。

実際のプロジェクトなどでリサーチする際、頻繁に出てくる意見は、「もっと網羅的にやらなくていいのか」「サンプル数が足りないのではないか」や「なんでこれを選んだのかロジックが欲しい」といったものです。しかし、この時点でやろうとしているのは、ある商品やサービスの検証のためのマーケットリサーチではなく、新しいアイディアを生み出すためのインスピレーション探しです。網羅的に多数のサンプルを見て平均を見ようとするのではなく、自分の感覚を大切にして、新しい情報が得られそうなところ、アイディアの種や問いかけをもっと良くするヒントが得られそうなところを見にいくようにしてください。

問いを育てる際には、**それまで当たり前に使ってきた言葉や価値観を「それってどういうことだっけ」と問い直す**ことも重要です。

「ヒット商品ってどんなものだっけ」「良いサービスってどういうもののことを指すのか」という、既存のモノサシを疑い、問い直すような問いは、既存のものとよく似たアイディアしか生まれないときにも有効に働きます。

「既存のアイディア」しか生まれてこないようなときに、そこに足りないのは新しいアイディアなのではなく、それに連なる可能性のある問いです。見つかっていないのはクリエイティブな答えではなく、クリエイティブな問いです。クリエイティブな問いなくして、クリエイティブな行動は引き起こせません。当然のことながら、クリエイティブだと評価される商品もサービスもつくれません。

では、クリエイティブな問いとはどのようなものかといえば、「売上げを伸ばすにはどうしたらいいか」「ライバル企業を越えるヒット商品をつくるにはどうしたらいいか」「いいアイディアを生み出すには……」などという、自分たちに重い課題を課すような、ワクワクしない問いではありません。その問いの答えを探すことが、楽しくてポジティブでワクワクするような問いです。ですから、問いを磨き育てる過程で、ワクワク感が薄れているようなら、方向性を再検討する必要があります。

「働かない社員を辞めさせるにはどうしたらいいか」などという問いは、ワクワクできない問いの例です。しかも、そう問うている人も、本当は働かない社員を辞めさせたいわけではなく、その社員に働いてほしいと考えているだけということもあります。その場合は問いを「どうすれば思うように働けていない社員の長所をもっと引き出し、やる気にさせられるか」といった具合に変えることで、ポジティブな、一緒に考えたくなる問いにすることができます。

もちろんそうした問いから生まれるアイディアは、完璧《かんぺき》なものばかりではありません。隙のあるアイディア、リスクの高いアイディアもあるでしょう。しかしたとえそうであっても、次の「試行」「検証」という行動につなげなくてはなりません。隙があること、リスクがあることを理由に、やっと生まれたアイディアを潰《つぶ》してしまっては、問いを重ねた意味が失われてしまいます。

生まれたてのアイディアは、すぐに試行へ移さないと雲散霧消してしまうものです。ですから、できるだけ早く「試行」というステップへ移る必要があります。

③問いの確からしさの検証

結局のところ、良い問いかけかどうかを確かめるには、実際にそれに対してアイディアを出してみるのが実は最も簡単な判断方法であったりします。

といっても、最終回答的な「答え」を出すのではなく、その問いから生まれる、「こんなことであれば可能性があるかも」「こんなことができたら面白いかも」といった方向性くらいのアイディアを出してみるのです。実際、そこから何も思いつかない問いもあれば、色々と案を出してみたくてムズムズするものも存在します。

リサーチなどを実施している場合は、インプット量も増えているので、アイディアも出しやすくなっているはずです。できるだけ早く、問いに対してとりあえずアイディアを出してみる過程（ブレスト／ブレーン・ストーミング）に移ってみるべきだと思います。ここで、その問いが本当に脈のあるものなのかを試してみるのです。

また別の問いかけが出てくるかもしれないですし、今はまだ使えないが価値のありそうなアイディアが出れば、それはそれで取っておけばいいだけの話です。

その結果、自分たちがやりたいと思えるようなアイディアがあれば、できるだけ早い段階でプロトタイプをつくり、ユーザーにぶつけて実験してみましょう。本書の中でこれまで、「誰のための問い」なのかが重要であるということを何度か挙げてきましたが、できるだけ早く、あなたがデザインの対象とする相手と接点を持つという意味でも実験は大切です。

もちろん、実験で失敗しても問題ありません。**実験は、早く、コストをかけずに、かつ**

“うまく失敗する”ことが大切です。

これからの企業の競争力は実験上手かどうかで大きく変わってきます。そもそも、この不確実な時代に一つの施策で成功しようと思うこと自体が無謀です。逆に言うと問いかけ上手になるということは、数多く小さな失敗を繰り返すことでもあります。

例えば、新製品が売れなかったときに、「売れなかったね」で終わらず、「どうすれば○○が使いたいと思えるようにできるか」という問いかけが生まれると、次のアクションにもつながっていきます。自分たちが今考えていることが意味のあるものであることがわかれば、自信にもつながるでしょう。

自分たちの問いかけに共感してもらうことは、社外的にはもちろんですが、社内的にも事を前に進め、一丸となって取り組んでいくために重要なポイントになります。

繰り返しになりますが、問いかけによるアプローチの実践は、一度きりで終わるものではありません。デザイン思考同様、やり続けるものです。問いかけをつくり、リサーチによってそれを再定義し、実験によってその問いかけの確からしさを確かめつつ、アイディアを創出するというプロセスを循環させる。この循環を維持することで、問いかけの精度も上がり、さらにアイディアが生まれていきます。

「私」「私たち」の視点を大事にする――How Might We…

「好奇心を持って観察すること」「そこに解釈を加えること」「その解釈を他の観察結果と結びつけてみること（接点の形成）」――これらはすべて、「How Might We」にたどり着くための大事なコツです。

「観察」や「解釈する」という行為は、自分とは切り離されたものに対することと捉えがちです。観察の対象は常にどこかで起こっている事象や他者であり、解釈も、そうした事象や人物に説明文を書き添えるような行為です。しかし、こうした他人事《ひとごと》の行為の先にあるのが、「How Might We」、つまり〝私たちは〟〝私は〟どうしたらそれをこうできるか、なのです。

こうした考え方は、過去にクリエイティビティが問われないかのように思われてきた職種、例えば営業や接客といった仕事でも求められています。

私自身も現在、日々クライアントと接する立場にいますが、営業職に就いている人は、自社の製品やサービスを売っているだけでは営業の仕事は成り立たないということを強く実感しているはずです。今、**営業職に求められているのは、顧客が「こんなことができるかもしれない」「一緒にやりたい」と思えるような、共感を生む提案の力**です。

そこでの提案の材料になるのが、それまでの観察と解釈の蓄積です。他人とは違う提案ができるのは、それだけ多くの観察と解釈を積み重ね、一見無関係に見えるものを結びつけ、自分の視点を構築でき、また、それを自身の声として断言できる人です。

積み重ねのない人が、「あの人のあの提案を、別の顧客のところで真似てみよう」といった具合に、模倣することはできるかもしれません。模倣には蓄積が不要なので、一見、このほうが効率的でもあります。ただ、顧客が変われば求められているものも必ず変わりますよね。

これは、コミュニケーションの話によく似ています。外国人とのコミュニケーション能力というとすぐに英語ができるかできないかという話になりがちですが、実際に大切なのは、英語を使ってどんな話ができるかです。

観察、解釈、接点の形成。これらに取り組むには時間がかかります。しかしこれこそが、誰もが新しいものをつくり出す時代の基本動作です。企業活動でも、独自の視点を持つことが差別化であり、それが戦略そのものである時代がすでに到来しています。

どんな企業も、世の中で起きていることを気にしています。それはどんな人たちが街を歩いているかを気にする行為に似ています。ある企業はその街を観察し「いつもと同じ」と感じるかもしれません。別の企業は「赤い服を着ている人が増えた」と思うかもしれません。また別の企業は「手作り感のあるデザインの靴を履いている人が目立つ」と気が付くかもしれません。同じ街を見ていても、これほど観察結果は異なるのです。

時には、別の企業が同じ観察結果である「手作り感のあるデザインの靴を履いている人が目立つ」に至ることもあるでしょう。ここまでは同じです。ただ、その先の解釈も同じとは限りません。ある食品系企業は「今は手作り感が求められているので、食品もそうしたものが好まれる」と解釈するかもしれません。また別の企業は「手作り感が流行しているのは、人工的なもののブームの予兆だ」と解釈するかもしれません。この違いが、企業の戦略の違いとなります。

さらには、そこで〝当社は〟どうしたらそれを〇〇できるかと考えること、主観的に解釈をすることで生まれるのが戦略です。

ともすると私たちは、客観的にあろうと自制しがちです。学校などでそう教育されてきたせいもあるかもしれません。客観的であろうとすることは、お客様視点に立とうとすることと言い換えることもできるでしょう。確かに、その視点は重要です。しかし、その結果生まれる商品やサービスは、各社横並びです。これでは市場に新しい提案はできません。それになにより、そうした仕事は楽しくありません。

主観を殺しての仕事は閉塞《へいそく》感を生みます。自分はこれがいいと思っている、これを多くの人に知ってほしいし使ってほしい、そうした思いの伴わない商品やサービスをつくったり売ったりすることは、辛《つら》いことです。

そう考えてみると、まだ様々なフィルターがかかっていない子どもは実に素直です。自分は何が好きで何が嫌いか、どんなものはいいと思ってどんなものをダサいと感じるか、それに従って正直に行動します。

今、多くの企業が「個性的な社員が欲しい」「この会社らしくない人材が欲しい」と言いますが、それはつまり、子どものような主観を持つことのできる人材が欲しいということでもあるのではないでしょうか。

主観を口にするということ

日本のビジネスパーソンは、主観を口にすることを避けたがる傾向があります。その理由はいくつか考えられます。

まず、前項に書いた通り、主観より客観が優先されるべきという価値観を植え付けられていること。

それから、その主観を表明する行為そのものを否定されると思っていること、または、その経験がすでにあること。

さらに、主観の内容を否定されると思っていること。「こんなこと誰でも思いついていて、ただ口にしていないだけではないか」「頭が悪いと思われるのではないか」という恐怖心が口を閉ざさせるのです。このあたりは問いかけをしない人が多い理由とも関連しています（71ページ）。

しかしここでいう主観とは、何が正しいか、何が正しくないかを問うものではありません。その人なりの視点です。それがたとえ頭が悪そうな意見であっても、他の人にない視点に基づくものであったなら、そしてそうでなくても、その場では歓迎されるべきものです。

基準は、正しいか正しくないかでも、賢そうかそうでないかでもなく、その人自身が考えたものの見方があるかどうかです。

本来は大抵の「視点」というものはユニークです。どんな人の人生も唯一無二であり、それまでにしている体験、観察、解釈は人それぞれ異なるからです。ですから、どんなに些細《ささい》なことであっても、言うまでもないことと思って口にしないのは機会損失です。

では、中高生のように思ったことをなんでも言葉にすればいいかというとそうでなく、そこには少し大人の判断が必要ですが、それを口にすることで、口にする前よりも自分がポジティブになれる意見を、積極的に言葉にすべきです。

またこの点に関しては、周りの人間、例えば一緒に会議に参加している人の対応も重要です。

「それって客観的に見てどうなの？」「もう誰かやってるでしょ？」「前にも考えたことあるよ」――よく会議室で耳にするキラーワード（悪い意味での）です。大体これらの言葉でその会議のクリエイティブな議論は終了します。

続くのは長い、静かな「打ち合わせ」です。あるいはその言葉にすら到達しないことも多くあります。

「どうすれば参加者が皆自分の視点を安心して話すことのできる許可感を醸成できるでしょうか？」


【コラム】

海外にもこういう場（静かな「打ち合わせ」）がないと言えば嘘になります。しかし、多くのミーティングでは参加者自身の視点や意見に対して「それ面白いね／興味深いね（oh that's interesting）」と言ってもらえるように〝放送時間（Airtime）〟を争います。

日本から海外へ行くと戸惑うのはこういうところです。皆、我先にと自分の意見を述べるこうした場は、大変刺激的です。ＩＤＥＯの社内役員会議に初めて参加した際、クリエイティブな視点の嵐のような状況で膨大なインスピレーションの量と、その洗練された伝え方に吹き飛ばされそうになったのを覚えています。逆に、海外のクライアントや、外国人のビジネススクールの友人等が日本に来たとき、ビジネスの現場で何に一番驚いたか聞くと、かなりの確率で「なんで皆会議であんなに静かなんだ、そしてなんであんなに寝てる人がいるのか？」という質問が返ってきます。私も様々な地域でビジネスをさせていただく機会がありますが、これが頻繁に起きているのは昨今では日本くらいです。一応「日本人は勤勉だから、皆寝る時間を削って仕事をしているんだ」ということになりますが……本当にそれだけでしょうか？

結局、良い問いかけとは

では結局のところ、「良い」問いに含まれる要素とはどんなものなのでしょうか？（ここでいう「良い」というのは本書でいうところの「問い」についてです）

これまで書いてきた通り、良い問いとは好奇心に基づくもので、口にするとポジティブになれて、次の行動に結びつくものです。ここで、まとめてみたいと思います。

①オープンな問いかけ

まず、良い問いはオープンな問いです（正確にはオープンエンディッド）。クローズド（クローズドエンディッド）ではない問いとも言えるでしょう。

クローズドな問いとは、「はい・いいえ」「AかBか」という選択肢を問うようなものだったり、「◯◯は良いと思いますよね？」のように問う側が欲しい答えを示唆してしまっていたりする、答え方が限定されてしまうものです。すなわち「広がりが出にくい」とも言えます。クローズドな問いは、議論を収束させたり、意思確認やすり合わせのためにあえて使うこともありますが、本書で期待しているような創造的な問いには適していません（このテクニック自体はインタビューやフィードバックをもらうとき等、様々な場面で役立ちますが）。

そうではなく、「どうしたらいいか」「何ができるか」「もし〜だったら」「どうすれば？」といったオープンな問いは、その返しを考える人に発想の余白を与えます。

②ポジティブなトーン

組織やチームで発せられる「問い」は、その組織で起きていることを映す「鏡」でもあります。

例えば「なんでうちは勝てないのか？」「なぜ売上げが上がらない？」「なんで新しいいいアイディアが出ないんだ？」「悪いのは誰だ？」などなど……組織というものは不思議なことに、普段自分たちが口にしているそれらの言葉のトーンに、組織の雰囲気だけでなく、行動や思想も引き寄せられていくものです。

困難な局面や大変な状況のときに「これをチャンスにできないか？」「自分たちの役に立つ方法で使えないか？」「どうすればこれを活かせるか？」といったような前向きな姿勢で言葉を発していくのと、先述のようなネガティブなトーンをばらまいていくのとでは、その組織の文化は全然違うものになるのです。

これに関しては、日本特有の興味深い現象も何度か目の当たりにしています。

それは「大変な状況のときに、ポジティブな空気になること」を嫌うミドルマネジメント（中間管理職）の存在です。

「嫌う」というより、むしろ「あえて」それを破壊しにかかるのです。以前そのような場面に遭遇したとき、相手にその理由を聞くと「誰かがちゃんと言ってやらないとね、と思ったんですよ、ハハハ」とのことでした……。

正直なフィードバックをすることと、それを毒として伝えることとは違います。伝え方を工夫すれば、ポジティブなコミュニケーションの中に厳しいフィードバックをしていくことはできます。例えば「これは全然駄目」などとこき下ろすのではなく、「どうすれば○○をもう少し○○できるかな？」と聞くだけで、その場の空気を「一緒に良くしていく」という方向に軌道修正することもできます。

新しいものを組織で創造する際は、許可感や前向き感というものが非常に重要になります。そのために「フィンガーポインティング（悪者探し）」のような行動は欧米では「トキシックビヘイビアー（Toxic Behavior、毒性行動）と言われており、時に企業文化を壊してしまうこともあります。

問いかけがポジティブではないなと感じたときは是非、対象であれ、つくり手であれ、「人」という視点が入っているかを見直してみてください（77ページ）。私たちは他の人に良いインパクトを与えることで、自らも前向きな気持ちになれる生き物であると私は信じています。

③良い問いはあるが、完璧な問いはない

「問い」を立てていくうえで気をつけないといけないのは、その作業自体が「答え探し」にならないようにすることです。

完璧な問いを求めるあまり、そこに時間をかけすぎてしまうことが時としてありますが、これは非常にもったいないことです。むしろ完璧ではなくても「良いかな」と思えるようなものを複数立てて、それをベースにまずは進めてみるということが重要です。大前提として「問いは可変」なのです。

例えば私もトヨタ時代では、現状に対する改善幅や売上げ・収益の目標ありきで、そこから逆算して、最初の課題を設定することも多々ありました。ところがIDEOでは、「やるべきこと」や「実現の可能性」について最初に議論することはほとんどありません。やはり、"How Might We…?"（どうしたら○○を△△できるだろうか）という問いを立ててみることから始まります。

そして「答え探し」ではなく、「この問いをもっと良いものにするためにリサーチに出かけ、インスピレーションを集めよう」という流れになります。IDEOに参画した当時、私はそれまでの経験から、最初から無意識にプロジェクトの「お題」となる問いを固定しようとしていて、さらにはそこから落とし所を考えようとすらしていました。しかし、リサーチに出てみると、そこで行われたのは「答え探し」などではありませんでした。様々な人の行動や言動、場所等に刺激を受けながら、新たな問いかけがどんどん生まれてくる「問いかけ探し」だったのです。

この「問いは可変」という考え方は当時の私には想定外でした。まるで自分の中で閉じていた回路が開かれていくような経験でもありました。自身の焦点が、答えではなく問いに移り、かつそれが可変だと知った瞬間、すぐに落とし所につなげようとするマインドは消え、初めてまっさらな状態で物事を見ることにもつながったのです。

④広すぎず、狭すぎない問い

問いかけのバランス感については先述しましたが、言語化の難しさという意味では、この広すぎず、狭すぎない問いを考える、という部分が最も苦戦するところです。

これも結局のところ、日常での習慣が大きく影響します。普段からそういった考え方をしていればコツとさじ加減をつかみやすいのですが、「問いかけられる側」に慣れてしまっていればいるほど難しく感じるものです。

例えば「どうすれば未来のモビリティをつくることができるか？」は広すぎますが、「どうすればもっと安く今の車をつくることができるか？」だと狭いかもしれません。

では、「どうすれば自動運転の時代に通勤者が快適な移動体験ができる移動手段をつくることができるだろうか？」はどうでしょう？

私は日本は、広い問いとも、狭い問いとも同時に付き合っていくのが得意な国だと思っています。

例えばここ数年、サービスや体験をデザインしていく領域でも頻繁に耳にする「おもてなし」という考え方。「もってなす」という言葉が語源と言われますが、それは「何を／どうやってもってなすことで相手に最高の体験をしてもらえるのか？」という広い問いかけから始まります。

さらにはとりなし、つくろい、たしなみ、ふるまい、挙動、態度、待遇、馳走《ちそう》、饗応《きょうおう》など、実に様々な問いかけから成り立つ概念です。そして、こういった問いかけへの提案をする力は世界一だと思います。

日本は狭い問いに対する素晴らしい提案で溢れています。例えば、先日も外国人のデザイナーが日本での体験について語ってくれました。「雨の日に買い物をすれば袋にカバーをかけてくれ、レストランに行けばウエイターはグラスが音を立てないように置く前にテーブルとグラスの間に自分の指を挟んで静かに置き、冬のお手洗いは暖かく、旅館では昨晩怪我をした娘のことを次の朝には皆で気遣ってくれる」。こんな国は世界広しといえども日本だけです。ここまで読み進んでいただいていれば、それぞれのシチュエーションに元々どんな問いかけがあったかはなんとなく想像できると思います。

こういった狭い問いかけが決して悪いと言っているわけではありません。これをさらに広い問いかけにしていくと、リスクも大きくなっていくので、怖いと感じる人もいるかもしれません。しかし、私たちが少しずつ広い問いにチャレンジしていくことによって日本はさらに発展していけると私は信じています。

⑤正直な問い

最後に、とてもシンプルな点です。

それは、その問いかけに自分自身として偽りがないかという点です。平たく言えば、その問いかけをどうでもよいと感じていないかという点です。問いかけを投げかけるようなものは〝自明のこと〟ではないわけですから、取り組んでいくのはいつだって大変です。その結果やテーマが自分として心から気になるものでなければ、辛い道のりになります。そういう意味でも、問いかけは自分の中の深く、正直なところから出てくるものが望ましいと思います。

ある企業での14週間のプロジェクト

問いを立て、磨き、アイディアを得て実行に移し、フィードバックを得て、また問いを立てる。その流れを、私が実際に関わったプロジェクトを例に説明します。

そのシステム開発会社には、数々の企業のＩＴ化を支えてきた実績があります。その分野で優秀な成績を収め続けてきたため、長らく新事業開拓の必要性がなく、それが結果的に、新しいデジタルプロダクト分野での経験不足という実態を招いていました。

そこで、その会社とＩＤＥＯとで「ＩＴ関連の新しい事業をつくれないか」という非常に大きな問いからプロジェクトをスタートさせました。

問いは自然と、働き方に関するものへとシフトしていきました。その会社は、システム開発の過程でいくつもの企業の職場を経験しています。その知見を活かせるという予感があったのでしょう。リモートワークの分野で何かできないかという声もありましたが、こうした声には要注意です。そこには「リモートワーク」という〝答え〟が潜んでいるからです。まだ、答えを急ぐタイミングではありません。

可能性を狭めないように話し合いを続けていくと、食、メディカル、ホスピタリティといった領域に可能性、つまりできそうなことが見えてきました。そこに、プロジェクトメンバーの思い、やりたいことを重ね合わせると、自然と、「食」が浮かび上がってきました。

これで、テーマが食に絞られました。次は、食に関する問いをいくつもつくり、実際に、食に関わる仕事をしている人たちに話を聞きに行くことにしました。プロジェクトメンバーの外にいる、食のプロからも、問いを得ようと考えたのです。

しかし、農業の現場に足を運んだとき、プロジェクトメンバーから新たな問いが生まれました。「なぜ、ITを農業に活かせていないのか」。現状への疑問です。それはすぐに「どうしたら負担をかけず、有用なデータを得られるか」「どうしたら生産者にも卸業者にも負担をかけないシステムをつくれるか」といった問いへとつながっていきました。

その問いに対して、いくつものアイディアが浮かび、プロジェクトメンバーは、そのうち、画像認識を用いたシステムの試作にまずは着手することを決めました。

システム開発はお手の物ですが、農業の生産現場で使ってもらう仕組みをつくるのはこれが初めてです。どういった使い勝手が求められるのかなどは、まったくわかりません。ここで調査はしません。とりあえず、これはどうだろうというプロトタイプ作りをすすめる傍ら、農業系の展示会にブースを出すことに決めました。開催のわずか3週間前のことです。

展示会当日、きらびやかな大手企業のそれと比べると質素なブースに5台のタブレットを持って臨んだプロジェクトのメンバーは、農業関係者と見るや声をかけ、プロトタイプを試してもらい、意見や感想を聞くという作業を繰り返しました。

そこでは、多くのフィードバックが得られただけでなく、生産現場を見て開発したことに賛同を示してくれたパートナー候補も見つかりました。

この展示会に出展したことで、問いから得られた優先順位の高いアイディアに、可能性があることがはっきりしました。

プロジェクト開始から、ここまでわずか14週間。短期間のうちに次の事業の可能性が見《み》出《いだ》せたこと以上に、こうした経験をできたことが、システム開発会社にとって新しい財産になりました。

このような取り組みが増えると組織の文化が変化していきます。次章ではその「組織」という観点でお話しします。

第3章

「〝問いかけ〟は組織をどう変えるか」

組織に求められるクリエイティビティ

第1章で、世界中のリーダーたちがクリエイティビティという言葉を最重要項目の一つとして追い求めていると書きました。2018年8月2日、アップルはアメリカ企業初の時価総額1兆ドル台乗せを達成しましたが、その際CEOのティム・クックは社員に向けて次のような手紙を送っています。

チーム へ……この達成について、誇るべきことはたくさんありますが、これは最も重要な成功の尺度ではありません。利益は単純に、Apple のイノベーション、プロダクトとお客様を最優先すること、そして私たちが自身の価値観に忠実であり続けていることによる成果です。……スティーブは、人間のクリエイティビティはどんな大変な挑戦でさえ乗り越えることを可能にする、という信念に基づいて Apple を創立しました。『自分が世界を変える』と思っているほどクレイジーな人こそが、本当に世界を変えていけるとも信じていました。Appleのミッションは、今日の世界において今までで最も重要になってきています。私たちのプロダクトは、驚きや喜びの瞬間を作りあげるだけではなく、世界中の人々がお互いの人生を豊かにし合える力を与えているのです（著者訳）

様々な点で興味深い手紙だったのですが、アップルの文化の持つ価値観が明確に現れているのではないでしょうか？　先述したエリック・シュミットの言葉もそうですが、世界のトップ経営者たちは口々にクリエイティビティの重要性を社内外に対して謳《うた》っています。日本はどうでしょうか？

こうした、利益以外の存在意義、価値観のことを、私たちはバリューと表現してきました。働きがい、仕事へのモチベーションが賃金以外の部分で決まることが多くなった現代において、どのようなバリューを経営理念や行動規範として掲げるかは、企業のあり方を大きく左右します。

ただ、バリューは耳に心地良い美しい言葉で綴《つづ》られていればいいというものではありません。そして、その会社のホームページに掲載して終わりというものではありません。先述のアップルのような会社は様々な機会にそういったバリューを共有しています。例えばティム・クックがこれを最も効果的に実施したのは、彼がスティーブ・ジョブズの休職発表の後に受けた質問へ回答する場でした。

We believe that we are on the face of the earth to make great products and that's not changing.
We are constantly focusing on innovating.
We believe in the simple not the complex.
We believe that we need to own and control the primary technologies behind the products that we make, and participate only in markets where we can make a significant contribution.

(https://fortune.com/2009/01/22/the-cook-doctrine-at-apple/ より一部抜粋)

私たちがこの地球上に存在するのは、素晴らしいプロダクトを創るためであり、それは変わることがない。

私たちは、常に変革し続けることにフォーカスしている。
私たちは、シンプルなものを信じる。複雑さではない。
私たちは、自社の創るプロダクトに使われる本質的な技術を守り、コントロールする必要があると信じている。そして、意義のあるインパクトを与えられる市場にのみ参画する。

非常に明快に自社の価値観と文化を言い表し、当時の世間からのジョブズのいないアップルに対する懐疑心を払拭《ふっしょく》する一助となりました。それから10年以上が経ちましたが、ここに記されている価値観と現在のアップルを照らし合わせたときになんら違和感はありません。

例えば製造業であれば「常にお客様に最高の品質を届ける」、サービス業であれば「お客様の笑顔のために」といった経営理念や行動規範を設定していることは珍しくありません。しかし、そこで表現されていることはある意味すべてのビジネスが目指すところのものであるため、その企業特有のものにはなりにくいのです。

こうした経営理念に足りていないのは「どのようにして」です。

つまり、その会社がどのようにして常に最高の品質を目指すのか、どのようにして笑顔になってもらうのかの部分が抜け落ちてしまっているのです。

何が〝最高〟なのか、〝品質〟とはどういうことなのか、〝笑顔〟ならどんな笑顔でもいいのか、こうしたことを問うことで、何をすべきかが具体的に見えてきたり、したいと思っていることをどうやって顧客や社会に伝えるか——というアクションにつながっていきます。

素晴らしい経営理念や行動規範を持っているのに、それがアウトプットにつながらず、形骸《けいがい》化してしまっているケースもよく見受けられます。そこに欠けているのは、行動への促しです。問いという行動へ促す仕組みがないために、「いいこと言っているね」で終わってしまうのです。

では、組織のクリエイティビティにおける競争力は、どのように育《はぐく》んでいけばいいのでしょうか？

またそれを、大企業のように確立された組織においては、どのように実施すればいいでしょうか？

これを達成しようとすると、組織のあらゆる箇所を変えないといけません。例えば組織構成、投資判断、決裁基準、意思決定プロセス、コラボレーションのカタチ、どのような技術に焦点を当て、何にノーと言うか、人事評価、そしてどのようなモノサシをつくっていくのか――そうした中で最も着手しやすいのは、その組織での「リーダーシップの発揮の仕方」、そして「文化」でしょう。

逆に、先述のドラッカーの言葉のように、この「文化」というものにしっかり注意を払わなければ、どんな戦略を描いても無意味であるともいえます。そして「問いかけ」のような日常的な行為は、この文化と密接に関係しており、相互に影響を与える関係にあります。

問いかけにチャレンジしている組織、していない組織

近年、デザイナーやデザインに見識のある人材を経営層へ登用する例が目立ちます。

ナイキ、アップル、３Ｍ、Airbnb、ペプシコ、フォード、Intuit……業界も様々です。まさに「人のために」何かを「創り出す」ということへの期待と優先度の高さを表しています。そして、そのような企業は必然的に「問いかけ」への取り組みも深めることになります。

たとえデザイナーとしてのトレーニングを受けていなくても、そのアプローチの一部を取り入れていくことはできます。そういった取り組みをするなかで、ＣＥＯの取り組むべき課題として「クリエイティブ・リーダーシップ」「社内でのクリエイティビティに対する考え方」「問いかけのような要素との付き合い方」が、顕在化してきているのです。

私自身がクライアントから必ずといっていいほど受ける質問に、「うちの会社はクリエイティブだと思いますか」

というものがあります。とても答えにくい質問ですね（笑）。ただ、このとき言えることとしては、「クリエイティビティ自体は、絶対値として計れるものではない」ということです。

一方で、クリエイティビティを促す環境（会社の文化的な傾向）については、一定のノウハウが蓄積されているとも思っています。

IDEOでも近年、「環境」や「文化的傾向」を可視化して、数値化するためのツールを開発しました。「クリエイティブ・ディファレンス」という診断ツールで、6つのパラメータを使用して、その組織の傾向を表すことができるものです。〝正解〟があるわけではなく、あくまで〝傾向〟を見ていくものであり、「どのような組織文化をつくっていきたいか」という考えを支えるためにあるツールです。最少10人程度のチームから、数千～数万人規模の組織まで対応可能です。部署やチーム別にもデータが見えることが、このツールの面白い点の一つです。

参考までに、「クリエイティブ・ディファレンス」において使用しているパラメータは、次の6つです。

① Purpose（企業の使命や存在意義が共有されているか）
② Looking Out（外の世界に積極的に目を向けているか）
③ Experimentation（実験を積極的にして、失敗を許容しているか）
④ Collaboration（コラボレーションを促しているか）

⑤ Empowerment（自律性や能動性を促しているか）
⑥ Refinement（思い描いたところから実行への流れは洗練されているか）

クリエイティビティを掲げる企業にも色々なタイプがありますし、すべてのパラメータで最高値を出すことが目標にはなりません。このツールの目的の一つは、先ほども書いたように「どのような組織文化をつくっていきたいか」という考えを支えることにあります。「あるべき姿」を目指すのではなく、それよりも重要なのは「ありたい姿」だということです。

数百社分のデータを蓄積するところまでツールは活用されていますが、そこで思ったのは、一つの「あるべき姿」を目指した画一的なアプローチではなく、それぞれの組織の「現状」と「ありたい姿」に沿ってパラメータを組み合わせることが必要だということです。

一方、様々な組織を診断していくなかで、共通して現れる現象（傾向）がいくつかあります。

それは「問いかけ」のようなアプローチを大切にしている組織に現れる文化的特徴です。

もちろんすべてが同時に現れるわけではありませんが、クリエイティビティと本気で付き合おうとしている多くの組織で見られる傾向です。これらはある程度のパターンとして認識できるので、参考までに、左に紹介したいと思います。

・行動の指針となる存在意義を語れる
・不確実な状況を楽しめる
・喋《しゃべ》るよりも手を動かす
・好奇心の強い組織
・他者の成功を考える文化

さて、あなたのいる組織は、どうでしょうか？　それぞれについて次項から解説していきます。

行動の指針となる存在意義を語れる

私たちが日常的にご相談を受ける「新規事業」「プロダクトやサービスの創造」や「組織改編」といったトピックを話し合うなかで、その組織のミッション（基本理念）・ビジョン（目指すものや姿）・バリュー（価値観や行動規範）に立ち戻ることが頻繁にあります。

近年、これに加えてパーパス（存在意義）というものの重要性が強く説かれています。「ミッション」や「ビジョン」に関しては一昔前に日本企業の間でも一種の〝ミッション・ビジョンブーム〟が起こり、CMで自社名のあとに入れられるフレーズやウェブサイトに掲載できる文言を、各社がこぞって作成していた時期がありました。

また、ガバナンスや企業倫理に関しての話であれば、行動規範や行動原理のもとになる価値観を記した「バリュー」を設定する必要性についても、多くのビジネスケースで話題になりました。

それでは今、なぜ「パーパス」のような、いわば根源的なものが注目されているのでしようか？

そもそもパーパスとは、何なのでしょうか？ 例えばミッションと何が違うのでしょうか？

一般的には、「パーパス」のほうには、お客様や自分自身、対象となるものが含まれているという点が、「ミッション」との最大の違いだと言われていて、「誰に、どんな貢献をするために存在するのか」ということが記されているものです。

ここでお気づきだと思いますが、これは、これまで何度も登場してきた、How Might We…で始まる「良い問い」の構成要素と非常によく似ています。つまり「良い問いかけ」にはそのまま、「パーパス」として活きるものも多数あるわけです。

さて、「パーパス」が注目されている一つの理由は、未《いま》だかつてないくらい多くの企業が、未だかつてないスピード感で新規事業創造や組織変革に取り組んでいるからです。

実際にデータで見てもこれは明らかです。例えば、Fortune 500に挙げられる企業は巨大企業ばかりなので、入れ替わりはそんなに頻繁に起こることではありませんでしたが、近年では珍しいことではなくなりました。また、Fortune 500掲載企業の寿命は１９５０

年代には平均60年ほどでしたが、これは毎年のように短縮され、現在は平均20年程度のところまで来ています。ディスラプション（破壊的な創造）自体は新しい概念ではありませんが、それが現れるスピードが加速度的に速くなっているのが現在なのです。まったく新しい世界を形成しはじめているともいえるくらいです。

このような状況が「パーパス（存在意義）」と関係がある点としては、

・前例のない取り組みをすることが増えるなか、収益や売上規模等の予測が意思決定のツールとして機能しにくくなっていること

・そして、そのような状況の中では新しいモノサシをつくらなければ物事の判断をつけにくい

ということが挙げられます。「お金」という尺度を脇に置いたとき、その会社に残る存在意義とは一体何なのか——ということに考えのウェイトが置かれるようになるのです。そして、「何をやるのか」だけではなく、「何をやらないのか」を判断する軸としても、パーパスというものが今までになく重要になっています。

ところが、実際の現場ではまだまだ「存在意義は何なのか」といった話は敬遠されがちで、「儲《もう》かるのか」や「マーケットはあるのか」といった基準が使われることがほとんど

です。

あなたの組織の「存在意義」は何でしょうか？　こういったことを社内でよりオープンに、恥ずかしがらずに話していけるようになると、組織の「行動」「意思決定」も少しスピーディーになるかもしれません。

不確実な状況を楽しめる

「不確実な状況を楽しむ」「曖昧《あいまい》であることを楽しむ」――誤解を恐れずに言うと、これは日本企業が最も苦手とするところの一つだと思います。

「落とし所はどこなの？」「前例はあるの？」「なんでうまくいくと言えるかがわからない」など、様々な言い方がありますが、要は先行きが不確実な状況を「悪いこと」として糾弾することが頻繁にありますよね。

もちろん、そういうことを言いたくなるには理由がありますし、場合によってはこれを突き詰めないといけないこともあります。例えば日本が大量生産競争に追いつこうとしていた時代、製造業でやらなければいけなかったことは、この不確実性といえるような「振れ幅」をできるだけ小さくし、品質を上げるということでした。これに関して日本は見事に世界一になったと言えます。

ただ、そこから生まれるものは、あまり創造的な問いかけとは言えません。

一方で、イノベーションに取り組んでいったり、問いかけることを頻繁に繰り返していくと、多くの曖昧さや不確実性と意図的に向き合っていくことになります。これは、私たちが数十年ほど正しいと思ってきた仕事の基本動作とはかなり異なります。

本書で言う「問いかけ」も、ほとんどが唯一解のあるものではありませんし、オープンエンディッドなものが良いというくらいですから、人によってはそれを〝曖昧〟と捉《とら》える可能性があります。でも、それで良いのです、本書でいう問いかけは「問い詰め」ではありません。人間の想像力は余白があるからこそ発揮されるものなのです。

多くの組織は不確実性を極度に恐れていることは先ほど述べましたが、この状況がさらに進行してしまうと、明確な〝病状〟が現れます。例えばその一つは、「フワフワ恐怖症」です。「なんかフワフワしたロジックなんだよね」「なんだかフワッとしてすみません」

――実はこうした言い方がされるのは、日本だけではありません。欧米でもこうしたことを“Fluffy”などと表現しています。

人間は（一部の人を除いて）基本的にはリスクを回避しようとする生き物なので、抽象度が高く、具体的ではないものに一種の恐れを抱きます。先述の「存在意義」についても、かなりフワフワした話として「ビジネスには無価値」と言い切ってしまう人もいるくらいです。

しかし、こういった抽象度の高そうなものこそしっかり考えなければいけません。「良い問い」が浮かばないからです。逆にいえば、「問いかけ」のようなものを大切にしている組織は、このような「フワフワ」した話も大切にしています。

「フワフワ恐怖症」と並び、様々なところに蔓延《まんえん》している危険な病状が「思考停止的２元論」です。

「AがあるからBがある、BがあるからAがある」というのは一見するとシンプルなロジックに見えるのですが、現在のビジネスの現場で用いられるこうした２元論の多くは、最終的には「鶏と卵だね」というようなコメント（これだけ聞くとなぜかちゃんとしたことを言った風なのですが……）で終止符が打たれます。

マーケットがないから売れない、売れないとマーケットは生まれない、たくさん売れないと価格は下げられない、価格を下げられないとたくさん売れない――様々なところでこのようなロジックは顔を出します。これはすなわち「A or B」しかないという、視野を極端に狭めた状態での論理構築です。実際には世の中にはCもDもEもKもZも存在していますよね。

本書で書いている「問いかけ」の話は、このような創造的曖昧さを許容していくことでもあります。

さて、本項でも色々と「フワフワ」した話を書きましたが、端的に言うと「不確実性を楽しむ」とはどういうことか、それは「自分たちの手で創造することができるかもしれない可能性を楽しむ」ということです。

そうなるためには、実は経験が非常に大きく影響します。不確実で落とし所が見えない状況に初めて直面した人は、硬直するか苛立《いらだ》ちを示してしまうものです。しかし、度々そのような状況に直面し、それを乗り越えてきた人には、そこを突破できる自信と、その創造する行為を楽しむ余裕が生まれます。

そして、そのような感覚が文化として共有されている企業で働く人は、とても楽しそうに見えます。自分たちで創り出すことのできる可能性を楽しんでいるからです。

喋るよりも手を動かす

問いを立て、アイディアを出していくと、必ずどこかで「そうじゃないだろうかと思うけれど、実際のところはわからないね」というような壁にぶつかり、先に進めなくなりそうな瞬間があります。問いを立て、アイディアを出すことだけでは、限界があるのです。

そのようなときは「手を動かす」ことが重要です。

元々はものづくりの会社として始まったＩＤＥＯにも、Talk Less, Do More（議論するより手を動かせ）という言葉が今でも組織文化として色濃く残っています。オフィスの中にもこの言葉をネオンサインにして掲げているくらいです。

「わからないね」「ああかもしれないね」「こうかもしれないね」などと、予想に関する議論を続けるのではなく、とりあえず形にしてみる――これが、Talk Less, Do More の意味するところです。

もちろん考えていくことは大切です。でもそれは、前項にもあった「不確実性」の世界です。そこから少しでも「確からしさ」のある世界に進んでいくには、**行動し、実際に何かを作ってみることが近道**なのです。

もちろん「作る」といっても、完璧《かんぺき》なものを作る必要はありません、まずは不完全なプロトタイプで十分です。

自分たちが考えていた「問いかけ」がおぼろげにカタチになったとき、そしてそれが初めてユーザーの前に出されて、なんらかの前向きなフィードバックを得られたときの作り手側の空気の変わりようは、何回見ても目を見張るものがあります。それくらい、「プロトタイプを作る」ことには効果があります。

私がIDEOの一員になるきっかけの一人だった元IDEOパートナー兼グローバルマネジングディレクターのディエゴ・ロドリゲスの言葉を借りれば、「プロトタイプとは、カタチにした問いかけだ」ということになります。余談ですが彼は、現在私が専門としているビジネスデザインという領域をIDEOの中に確立した人間です。今でこそビジネスデザインという言葉は一般的にも使われるようになりましたが、彼は、デザイナーのようにビジネスを考えるというアプローチを２０００年代初頭にＩＤＥＯ内に定着させました。

プロトタイプを作ることの重要性については、ＩＤＥＯ創設者のデビッド・ケリーの「百聞は一見にしかず、というのであれば、プロトタイプは１０００のミーティングの価値はある」という言葉もあります。

日本で社屋や社内空間のデザインについて相談を受けるとき、よく「会議室が足りない」という悩みをお聞きします。日本企業では、静かで長い会議がたくさんあります。私が提案するのは、そうしたすでにある会議の中の一つでもいいので、プロトタイプを作る、あるいはそれを囲んでディスカッションをするようなセッションにしてみたらどうか、ということです。

もちろん事前資料の作成などはなしです。**実際のプロトタイプに勝る説明資料はなかなかありません。**このようなセッションをやってみると、ユーザーからのフィードバックの確からしさだけでなく、意思決定やすり合わせのスピードも格段に上がることを実感できます。効果は実証済みです。ＩＤＥＯでは過去に、実物大の車からホテルの部屋、飛行機の機内や空港、医療機器など、本当に様々なもののプロトタイプの力を目の当たりにしてきました。

プロトタイプを作って、それを見ながら皆で議論する——実行のハードルは低いですし、さほど苦労なくできるはずです。できるかどうかの議論に時間を使いすぎてしまうのは、失敗を恐れるからであり、また、行動することの楽しさを忘れてしまっているからでもあるでしょう。会議室で「本当にできるのか」の議論が始まったら、すぐにそこを出て、できるかどうか、実際に試してみるのが一番です。

問いかけからアイディアが出て、それをプロトタイプにしてみると、そこから生まれるものは、さらに良質な問いかけです。

そうして続けていくなかで、次第に実験の仕方も変わっていくかもしれません。例えば飛行機の機内デザインだったら、発泡スチロールや木材を使うだけでなく、もう少し解像度を上げて実物に近づけ、本物の飛行機のシートを用意して機内スタッフにも参加してもらう。あるいはサービス部分を実験するために空港でポップアップショップを出してみる、といった試みもできるかもしれません。

これは即ち実験上手になっていくということです。「失敗を恐れず」という言葉がありますが、本質的には「上手に失敗できるようになる」ということなのです。問いかけるとはそういうことです。

ここで、ここ数年でもかなり〝盛大な〟失敗だった例を挙げてみましょう。

グーグルグラスという商品を覚えていらっしゃるでしょうか？　ARのウェアラブルデバイスなのですが、これは相当な盛り上がりで受け入れられたにもかかわらず、瞬く間に消えていきました。そして、その失敗を、誰も引きずっていません。

それどころか、その学びを活《い》かして数年後、新たにProject Jacquardというさらに野心的なプロジェクトを仕掛けています。これは、グーグルグラスで「今まで存在しなかった新しいデバイスを装着してもらうことがいかに難しいか」という学びからきています。今度はすでに存在するもの、衣服との融合を選びました。第一弾はリーバイスと共同で作成したジャケットです。左腕の繊維自体がタッチサーフェスになっているまったく新しい提案です（IDEOはこの衣服とのインタラクションをデザインすることを担当しました）。これを見ても、実に失敗上手だったことがわかります。

失敗上手といえば、アップルのような成功ばかりしていそうな会社もそうです。ニュートンというデバイスをはじめ、もっと最近では初代 iPod Shuffle も挙げられるかもしれません。多くの失敗をしていても、そこからの学びを得て、少し問いかけを変え、近い領域に再チャレンジをする。

このようなことができる企業は多くありません。大抵の場合は「ああ、そこはもう前やってみて駄目だったじゃない」という話になり、永遠に蓋《ふた》をされてしまいます。この「作り続ける」ことは、大変ですが大きな意味があります。

そして、「手を止めない」「実験上手になる」ためには、その組織には、「考えるだけでなく行動することも称賛する文化」が求められます。

少し違う角度から「つくる」ということについて考えてみましょう。

もう20年以上前、２０００年にＩＤＥＯがビジネスウィークに出した"Welcome to 2010"という特集がありました。それは、まさに10年先の未来である「２０１０年を描く」というもので、実際に、どのようなデバイスが使われているかをデザインし、可視化するというものでした。

そこで描かれていたものは、

・完全ワイヤレスでデジタルアシスタントと声でやり取りができるイヤホン
・湾曲型の液晶テレビ
・声で家の中の様々な家電を操作できるサーバー
・直接ペンで書き込んで作業のできる液晶タブレット
・指紋認証でアンロックできるモバイルデバイス

といったものでした。もうお気づきだと思いますが、どれもここ数年で市場で発売になったものばかりです。ちなみに２０００年がどんな時代かというと、ヒット商品番付にはＤＶＤやスターバックスといった名前が並ぶ年でした。

このように、大抵のアイディアは、誰かがどこかで思いついたことのあるものです。しかし、いつの時代でもそうですが、「考えた」という事実自体にはイノベーションにおける価値はありません。価値があるのは、そこで描いた未来を形にしようとする行為であり、それを行った人です。時には夢を追いすぎていると笑われながら、描かれた未来を実現することにこそ価値があります。

一方で今でも、何かアイディアを出すと「そんなのはうちでも前に考えたよ」「そんなことは僕も考えたことがあるよ」という反応をする組織は多くあります。では、それをプロトタイプにして誰かに見せたことがあるかというと話は別でしょう。

「試してみる」「作ってみる」ことにリスクを感じている人は多いかもしれません。でも、問いかけに取り組んでいくと、新たな問いかけが生まれることを歓迎するようになります。プロトタイプを作って、そこから生まれる新たな問いかけに対しても、ポジティブな姿勢を取れるようになるはずです。まさに、考えるより手を動かすことで、前進できるようになるのです。

好奇心の強い組織

「好奇心の強い組織」は、積極的にインスピレーションを集めにいきます。

そして、集めにいこうとする場所は、自社や自分たちの業界に限りません。

例えばスティーブ・ジョブズは、クリエイティビティのことを「(一見バラバラの点のような)過去の体験をつなぎ合わせたり結合して新しいものを創り出すこと」と表現していましたが、さらに彼が言っていたのが「それができるのは、彼らが他の人よりも多くの体験をしていたり、その体験について深く考えていたからだ」ということです。

すなわち、この「点」を個人として、そして組織として増やしていかなければ、イノベーションは生まれないということです。


好奇心が強く、問いかけに取り組んでいる会社は、「他流試合」を好みます。

皆さんの会社はどうでしょうか？ どれくらい他業界の人と触れ合う機会があるでしょうか？ 例えばランチを一緒にとって、そこでちょっとしたプレゼンをしてもらうくらいのことでもいいのです。

ＩＤＥＯの場合、毎週月曜日には社員がそれぞれ最近気になっていることをランチをしながら話したり、木曜日には社外から誰かを招いてランチをしながらお話を聞かせてもらったりしていました。こうすることで様々なインスピレーションが得られ、「点」の数が増えていくのです。アイディアをつくり出すときと一緒で、インスピレーションがなければ「問いかけ」をより良いものにはできません。

インスピレーションの源は、社外だけではなく社内にもあることを忘れてはいけません。

大きな会社であれば、普段関わりのない人も多い分、なおさら好奇心を持って社内でインスピレーションを探しにいくべきです。すでにこうしたことを意識している組織では、社員同士で一緒にコーヒーを飲みにいったり、朝食をとりながら話をしたり、といったコミュニケーションが目立ちます。むしろ、そういったことが起きやすいように、会社側が朝食を用意したり、コーヒーを飲みながらくつろげるような場所をつくったりすることが増えているのも頷《うなず》けます。

他者の成功を考える文化

良い問いかけをつくることも、良いアイディアを出すことも、一人ではなく様々な人と一緒にやったほうがより良い成果を期待できます。

コラボレーションに関しては、昨今多くの企業がさかんにオープンイノベーションに取り組んでいますが、実は最も大変なのは同じ会社内での部署間のコラボレーションです。

ＩＤＥＯの場合、人事考課の重要な指標に“Make Others Successful”というものがあります。「他者の成功を支える」という意味なのですが、どれだけ他の人に協力し、その成功に貢献できたかという点が評価されます。さらに、同じチームの人に限らず、専門やロケーションの垣根も越えて協働することが奨励されています。

いわゆる「スーパースター社員」を評価する組織ではない、という意味では、日本企業も同様ではないでしょうか。


しかし日本の色々なクライアントのご相談の中では、縦割りの組織を切り崩し、部署を越えて協働することに苦戦しているということをよく聞きます。

その切り崩しのプロセスの中で、「問いかけ」を他部門と共有して一緒に考えるところから始めてみると、少し空気が変わっていくかもしれません。日頃、部署ごとに異なるアジェンダ、目標を持って働いているなかで、一つの問いかけに共に取り組むことで、それが部署間の共通言語となり、課題を共有することにつながるからです。

そして、さらにそのコラボレーションの尺度を「他者（他部門）を成功させているか」という点にしてみることをおすすめします。

「他者にフォーカスを当てると、他人まかせになってしまうのではないか」という心配もあるかもしれないのですが、実際このようなコラボレーションを進めている組織は、むしろ組織として共有しているその問いかけに対してのオーナーシップ（自分ごと感）が上がっていることが多いです。

問いかけに取り組むことのハードル

さて、ここまで組織として「問いかけ」に取り組むメリットや、それがもたらす文化的変化について触れてきました。

一方で、組織が「問いかけ」に取り組んでいくことが成功した場合、一人の個人が同じく「問いかけ」に取り組んでいった場合とは比較にならないスケールで変化が起こる可能性があります。だからこそ、本当に問いかける組織を目指すのであれば、ある程度の「覚悟」が必要です。その理由をここで、４つ紹介します。

（１）クリエイティビティは伝染する

ここ数年、クリエイティビティやイノベーションに関するプロジェクトやワークショップの依頼は急増しており、私が担当したものだけでもその件数は３桁《けた》に上ります。これまでの経験で気づいたのは、「クリエイティビティは伝染する」ということです。

例えばワークショップであれば、毎回必ずどこかで部屋の空気の「スイッチ」が入るタイミングがあります。ワークショップは複数チームに分かれて取り組んでいただくのですが、様々な議論やブレストをしていたチーム、あるいはどこかで行き詰まってしまっていたチーム、こういったチームが、一斉に「何かを創る」方向に動き出すのです。タイミング自体は毎回若干違いますが、ほとんどがプロトタイプや実験等で実際に手を動かすようなことを始めたタイミングです。不思議と、周りの空気や動きに引っ張られ、あるいは互いに刺激し合いながら、皆の発言や行動が活発になっていきます。

そして、創りながら新たな問いかけを続け、そのプロトタイプを更新していくのです。

私や私の周囲にいる人たちは、前提として、「人間は元々クリエイティブな生き物である」と信じています。ですから、ある意味これはどのタイミングで「(自分の創造性に対してかけていた)ブレーキ」が外れるのか、ということだと考えています。

誰かのブレーキが外れると、クリエイティビティは組織やチームに伝染していきます。

そのため、このような取り組みをする経営者は、ある日会社に「問いかけ」をたくさん持った「何かを創り出したい」と考える人が増える覚悟をする必要があります。

（2）リーダーは模範にならないといけない

なぜ、「問いかけ」を持った社員が増えることに対して、覚悟がいるのか？　それはリーダーや経営者はその模範にならないといけないからです。その問いかけは経営陣に向けられるかもしれないですし、自分からもチームや部下に、良い問いかけを返さなければなりません。また、このような動きが始まると、上から下に一方的に指示を与えるような関係は弱まり、上下左右に様々な視点、問いかけ、議論が飛び交うようになります。（本書でいうところの）問いかけるという行為は、組織のヒエラルキー感も弱める力があるのです。これは創造的な組織としては大変心地良い状態になる一方で、組織にある種のカオス感も与えることになります。

「質問に質問で返すな」というような道理も通用しなくなってしまい、むしろ問いが発展することを許容していかなければなりません。あるいは資料のつくり方も変わるかもしれません。元々「資料の『建ぺい率』は高めにしよう」という文化があったとしても、問いかけのような「対話」をベースにしていくと、資料やスライドのメッセージは簡潔になっていきます。情報をたくさん詰めることではなく、ストーリー性のほうが重要になっていくためです。

そのカオスの中でリーダーシップを発揮する。これは、容易なことではありません。昨今、世界の経営者がこぞって「クリエイティブ・リーダーシップ」を学んでいるのには、こうした背景があるのです。

（3）ミドルマネジメントの痛み

また、このような変化が起きていくと、最も大変な思いをする層の一つはミドルマネジメントです。自身が用いる評価のモノサシが変わるうえに、自分が評価されるモノサシも変わるという板挟み状態になります。もしも日本、会社、組織に変化が起こるとすると、このレイヤーが最もケアが必要な層かもしれません。今までの「当たり前」を一度捨てて、新たに学ぶ必要があります。

多くの組織では、変わらなくてはならないと考える人と、変わらなくても大丈夫だと考える人が混在しています。そうした組織は、たとえトップが「変わろう」と呼びかけても、すぐに変わるわけではありません。現場には、今のままでいようとする慣性が働いているからです。

そこでプレッシャーがかかるのが現場の管理者です。また、彼らを含め、チームのメンバー全員がその意図を理解し、納得して変わろうとしてくれるとは限りません。むしろそれは非常にレアなケースでしょう。全員を一度に変えるのは無理です。

しかし、理解者がいれば、チームは少しずつ変わります。変わろうとする人は楽しく仕事をするようになるので、いずれは大多数が、ああなりたい、自分もそちら側へ行きたいと思うようになり、行動に移すからです。人間は、ある場所に可能性を見出《みいだ》すと、その方向へ行きたがるようにできているのです。

ですから、最初からチーム全体を変えようとするのは無理ですし、やろうとする必要もありません。企業全体を眺めてみても同じです。全社がいっぺんに変わることは不可能です。それでも、小さくてもどこかに変わりつつあるチームがあり、そのチームの仕事の仕方が社内の評判になる頃には、「問いかけ」から始めることが、社内の仕事の進め方のスタンダードになっているでしょう。

もしかすると結果として一時的に様々な不均衡が社内に生まれるかもしれません。「皆一緒に」ではなく、一部のチェンジメーカーが生まれ、他を引き上げていくというようなことも許容する必要が出てきます。

(4) ルールが問われる可能性

このようなことが進んでいくと、変わらないと思っていたルール自体を変える必要が出てくる可能性もあります。最終的には、例えば人事制度のようなものにまで踏み込んでいく必要もあるかもしれません。組織として何を評価していくのか、例えば「問いかけ」に取り組むのであれば何でもいいのか？ 何を結果として評価するのか？

特に日本の組織において、人事制度は最も変わりにくい部分の一つでもあります。「問いかけから始める文化」を取り入れるということは、こういった点にも手を入れていくことになります。

ビジネスに関わるツールも変わる可能性が大いにあります。本書でも「モノサシ」という言葉を何回か使ってきましたが、ここで指すのはビジネスに関する「モノサシ」です。我々の関わるプロジェクトでも、新規事業の提案内容をマネジメントにプレゼンテーションすると、「いつから黒字化できるの？」「本当にうまくいくの？」といった従来的なモノサシが使われることがほとんどです。新しい問いかけに取り組んでいくということは新しいモノサシを持つことでもあります。そしてこれが戦略の差別化につながっていくのです。

少し前にグーグルがＨＥＡＲＴフレームワークというものを使っているということが話題になりました。これは彼らの提供する体験の良し悪しを判断するためのもので、それぞれ頭文字がH(appiness)・幸福、E(ngagement)・エンゲージメント、A(doption)・採用、R(etention)・継続、T(ask Success)・タスクの成功を指すのですが、話題になったのが最初のHappinessです。いかにもグーグルらしいのですが、これは極めて定性的な指標です。しかし、それを私たちがグーグルらしいと感じるのは、彼らの価値観や存在意義が明確であるからです。そしてそれをもとに彼らが優先順位をつけていることがユーザーにも伝わっているからでしょう。このような定性的かつ主観性の高いものがその企業独特のモノサシとして使用される時代になっているのです。

例えば、企業のマネジメントが新規事業に対して「2年以内に黒字化せよ」というタイムラインを課すのを頻繁に耳にします。スタートアップ企業が2年以内に黒字化を達成できたなら、それは極めて優秀なスタートアップですし、稀《まれ》なケースです。黒字化には数年、あるいはそれ以上の年月がかかることも珍しくありません。そうしたデータは調べればすぐにわかるにもかかわらず、社内ベンチャー的な新規事業には2年という制限を設けてしまうのは、新規事業を既存事業と同じモノサシで測ってしまっているからです。「桃栗三年柿八年」という言葉があります。柿の芽が出てから、それが木に育ち実を付けるまで8年かかるということです。しかし、8年経っていったん実がなれば、その後は毎年、実がなり収穫が可能です。新規事業を毎年収穫できる安定した事業に育て上げるにも、それなりの時間が必要です。

「変化」に取り組むということ自体、組織としては大変な労力の要る行為です。ここで挙げたようなハードルやデメリットもたくさんあります。日本で様々な媒体を目にしていると、あたかも欧米の企業は皆こういった取り組みを難なくできているかのように伝えられることもありますが、実際には同じようなハードルと日々格闘しながら変革に取り組んでいる企業はたくさんあります。

第4章　「問いかける力を磨くためにできること?」

「良質なアウトプットのためには、良質なインプットがいる」

これは主に、アイディアを出すときのブレスト（ブレーン・ストーミング）に取り組む際によく使われる表現ですが、「問いかける力」を磨くうえでも同様に大切な考え方です。

「でも実際、どうやって『問い』を磨いたらいいのか？」というご質問をよく受けるので、この章ではそのために使えるコツのようなものを挙げていきたいと思います。

良い意味でミーハーであり続ける

本書の前半でも書きましたが、好奇心というものは、様々なインスピレーションの量や質と密接に関係しています。しかし一般的に好奇心の対象領域は時間が経つと共に狭まっていき、テンションも低下していくものです。「最近刺激がないな」と思ったりすることは、その前兆です。一方で人間は適応力が高いので、この状態が続けば、それに慣れていってしまいます。

仕事や家庭を中心とするライフスタイルやライフステージ、私たちの身の回りの環境は、どうしても画一化していく傾向があります。学生時代はまだ職業や専門性といったものによるフィルターがかかっていないので、意識をせずとも様々な人や物に触れていくことができますが、一度社会人となり、「仕事が中心で、自由に使える時間が激減する生活」の中では、自身の好奇心や新たに触れるものの幅は、意識的にリフレッシュしていかなければいけないものなのです。これは身体を健康に保つためのメンテナンスにも似ていることかもしれません。

良い意味での「ミーハー心」と言ったりもしますが、単に新しもの好き、というだけでなく、話題になっているものの背景にある潮流や、人の行動の変化などにアンテナをしっかりと立てておくことが重要です。

よく「年を取ったからもうわからない」と言う人もいますが、それは「アンテナを立てる努力をしなくなった」というほうが正しいのかもしれません。事実、年を重ねても世の中の流れに感度の高い人は、いつの時代にも存在しますよね。

いったん「流行」のようなものと距離を置いてしまうと、好奇心を再起動するには相当な労力がいるのも事実です。前述の「リバースメンター」はその再起動にはもってこいなので参考にしてみてください。

「ミーハー」といっても、なにも生活を大きく変えて何かに没頭するようなことは必要ありません。行為としてはごくごく地道なものでいいのです。もちろん興味もないのに無理に何かを取り込んだり、なんでも手に入れたりする必要はありませんが、少なくとも世の中の価値観がどこに向かっているのかということは、そこで生活する人たちのために何かを創る立場の人間であれば知っておくことが非常に重要ですし、できることなら自分自身で体験をしておくことが大切です。

ところで、IDEOで採用するデザイナーは、それぞれまったく違う専門分野から来ています。例えば建築、コンピューターサイエンス、MBA、エンジニア、メディア、文化人類学、シェフ、医師、教師などなど、本当に様々です。それぞれ違ったものを「デザイン」していた人たちが同じチームで機能するためには、お互いに対する好奇心、また、共に新しいものを創り出すということに興味がなければなりません。これがIDEO流の「T型人材」です。T型人材という考え方は昔からありますが、IDEOの場合、「T」の横軸が示すのは、「自分とは違う領域を面白がれるか」ということなのです。このような良い意味でのミーハー感というものを大切にしています。

やったことがないことを始める

新しい体験をする――これは使い古された概念ですが、インプットやインスピレーションを集めるという意味では、これに勝るものはなかなかありません。

元オリンピック選手で、その後「体感時間」やイノベーションの研究者になったジャン・コイルによると、ルーティン化していく生活によって日々の体感時間は加速し続けるそうです。そして多くの人は30歳頃に本格的にこの体感時間の加速を感じはじめ、同時にこの流れを少しでも食い止めようと新たなことをしはじめたり、試したりするそうです。

一方、体験の多様性だけではなく、そのときに生まれる感情的な深さもなければ「強烈な体験」としては残らないそうです。子どもの頃の体感時間が長いのは、体験の種類も多く、初めてのものが多い（感情的な深さが生まれる）からです。

さて、そういった意味で言うと、私たちが様々な問いかけにつながるようなインスピレーションを得られるのは、どんな体験からでしょうか？

例えば「新しい趣味を始める」といったことはこれにあたると思います。新しいスキルを学びつつ、さらにそこで感動できる。このような体験は、インスピレーションの源泉としては非常に有効ですし、もしかしたらさらに他のインスピレーションの源、例えば新しいコミュニティなどにもつながるかもしれません。他にも、初めて行く場所への旅行も同じような効果があるかもしれません。

もっと気楽に、「まずはやったことがないことをしてみる」というくらいのことでももちろん有効です。その際は、たとえそれが思ったほど良い体験にならなかったとしても、意識して感度を高くし、注意深くその経験を吸収しようとすること自体が、新たな問いかけのヒントになるかもしれません。

他の人の目線で見てみる

「他の人の目線で見てみる」というのは、一種の強制発想法です。

自分だけではなかなか面白い発見ができない、発想が湧かない、というときは、「あの人がこれを見たらどんなことを思いつくだろう、どんなところを見るだろう」と考えてみると面白いアイディアに行き着くかもしれません。強制的に自分の「レンズ」を変えることができるからです。

ここでいう「他の人」というのは、身近な人でもよいですし、もしかしたら有名人や、架空のキャラクターでもよいかもしれません。あるいは「他社」の目線になってみるというのも面白いと思います。

重要なのは、自分とは違った視点を強制的に持ってくるということです。

強制発想で問いを考える

どうしても何も思いつかないときのために、別の強制発想法をご紹介しておきます。

ブレスト等で使われるもので創造性開発の研究家ボブ・エバールと実業家アレックス・オズボーンのＳＣＡＭＰＥＲ（スキャンパー）というフレームワークがあります。ＳＣＡＭＰＥＲの文字はそれぞれ、「視点の変え方」の頭文字からとられているもので、アイディアが詰まったときに強制的に発想を促すために使用されます。このアプローチは元々ブレストのようなアイディア出しで使われるものですが、問いかけを発想するような際にも有効です。直接的に問いかけが生まれるというよりは、問いかけを発想するためのヒントを得られる可能性があるものです（慣れれば、ほとんど意識しなくなると思います）。

「S」「C」「A」「M」「P」「E」「R」のそれぞれを紹介しましょう。

S：Substitute（置き換えられないか）
ほとんどのものは何かに置き換えて考えることができます。例えばものや場所、人やプロセス等。試しに何かと置き換えて想像してみましょう。
「◯◯と何かを置き換えることができないだろうか？」

C：Combine（組み合わせられないか）
組み合わせは発想方法の中でも最も多用されているものの一つです。例えばベルと時計を組み合わせて目覚まし時計は生まれ、電話とコピー機が合わさりFAXが生まれました。

さらには「動く」という行為と「テーププレイヤー」が組み合わさりウォークマン®が生まれました。

「○と△を組み合わせることはできないだろうか？」

A：Adapt（適応させられないか）

別の状況にあるものをこの状況に合わせて適応させてみることもできます。自然界からヒントを得ている発想などは、このフレームワークから生まれています。

「○をこの状況に持ち込んだときに何か考えられないだろうか？」

M：Magnify/Minimize/Modify（拡大／縮小／変更したらどうか）

あえて何かを拡大したり縮小してみたりしても視点が変わるかもしれません。

「もし○にかけられるコストが今の10倍だったとしたら何ができるか？」

P：Put to other uses（別の用途で使えないか）

まったく違う用途への活用はできないでしょうか。

「○○を△△の用途で使用することはできないだろうか？」

E：Eliminate（取り除いてみたらどうか）

何かを取り除いたり、省略してみることはできますか？

「○○から△△を取り除くと何ができるだろうか？」

R：Reverse/Rearrange（逆転させたら／並べ替えたらどうか）

何かの順序を逆にしてみるとどうでしょうか？

「○○と△△を逆にしてみると何ができるだろうか？」

一貫した前向きさを持つ

私たちの日々の中では様々なことが起こります。常に前向きな姿勢でいるのは大変です。しかし、様々な状況や事象に対して前向きな気持ちで向き合い可能性を探る習慣は、いわば筋肉のようなもので、繰り返し実践していけば身につくものです。最も大変なのは、はじめに自身の思考パターンを変化させることです。

そのためには、まず自分の口から出る言葉をコントロールしてみるのも一つの手です。ポジティブ思考のための言葉の使い方は、様々なタイプのものが世の中で紹介されていますが、おすすめなのが“Yes and（イエス、アンド）”と呼ばれるものです。これは多くのコーチが提唱しているアプローチで、“No, but（ノー、バット）”の対義フレーズとしてあるものです。訳すと「いや、でも……」に対して「いいね！ それと……」といったイメージでしょうか。そのルーツには諸説ありますが、実はimprov（即興劇）の世界でも昔から使われていたという話があります。私自身、最初はハリウッド俳優のマシ・オカさんに教えていただきました。実はＩＤＥＯの中でも無意識にかなり定着しているもので、基本的には会話の発展のために使われています。

例えば次のように使います。

「週末はちょっとどこかへ行こうよ」
「いいね、じゃあ涼しいし久しぶりに軽井沢《かるいざわ》へ行こうよ」

「いいね、それと途中で何か美味《おい》しいものを食べようよ、蕎麦《そば》とか？」
「いいね、じゃあそれと行きの車で聞けるプレイリストを考えようよ」
「うんいいね、じゃあ宿はいつもとはちょっと違う○○に泊まってみようか」

これは、フィードバックの仕方／受け方やブレストの仕方としても非常に有効なマインドセットです。

フィードバックに関しては、『カーズ』や『トイ・ストーリー』等で有名なPixarの企業文化としても有名です。Pixarでは"Plussing"と呼ばれ、「いったん受けたフィードバックは肯定し、それに付け加えていくことでより良いものを一緒に創っていく」という考え方をしています。フィードバックを批判的なものにせず、お互いの努力や発想を肯定しつつ改善をしていく、というアプローチです。

このマインドは、問いかけづくりにおいても非常に有効です。例えば気になる事象に気づいたとき「うん、これはいいね、それとさらに○○をもっと○○にするにはどうすればいいかな？」や、他の人の言ったことに対しても「面白いね！　それとさらに○○を○○にできたらどうだろう⁉」といった具合に、前へ前へと問いかけを増やしていくことができます。

こうしたことは、テクニックとしてだけでなく、マインドセットとして是非試してみてほしい考え方です。

聞き上手になる

「問いかけ」を「アウトプット」に見立てたとき、良いインプットを集める一つの有効な手段は、良い「聞き手」になるということです。

皆さんにとって良い相談相手とはどんな人でしょう？　私の場合、大切な相談相手であると感じる人は、答えをくれる人ではなく、じっくり話を聞いてくれて、私の詰まってしまっていた思考を前に進めるための質問をしてくれる人です。

実はこのような「聞き方」というのも、一つのスキルとして昨今注目され始めています。聞き手としてのスキルを磨くうえで最も有効なのは、積極的に色々な人の相談を聞くということであり、そのようなときには次のようなことを考えてみるといいかもしれません。

直感的に理解する：印象に残った瞬間を3つ挙げるとしたら何か？　直感的で良いです。それはなぜでしょう？　何が起きているのでしょう？

咀嚼《そしやく》をする：その話を親友に説明するとしたらどう伝えますか？　祖父／祖母に伝えるとしたら？　ＳＮＳのハッシュタグにするとしたら？

これを受けて次にどんなことを聞いてみたいですか？　また、さらに考えを膨らませるために他にどんなもの／ことを見てみたらよいと思いますか？

私たちは想像以上に他人の言うことを無意識に聞いているものです。この「聞き方」を少し変えるだけでもそこから得られる情報量やインスピレーションの質は変わってくるのです。

発想のための余白を残し、気づきを捉える

偉大なイノベーターと言われるような人の多くは、出てきた発想や思いついた問いかけを失わないように「メモ」を取ります。

しかしその方法は人それぞれです。例えばヴァージン創設者のリチャード・ブランソンは大きなノートを常に持ち歩いていますし、ＩＤＥＯの創設者のデビッド・ケリーの場合は、一番アイディアを思いつくのはシャワーを浴びているときなので風呂《ふろ》場にもメモを置いています。彼の弟のトム・ケリーは朝起きたときが最も発想が湧くのでベッドサイドに必ずノートを置いています。

発想についてわかっていることは、一生懸命に発想をしようとしているときよりもリラックスしたり、周りがザワザワしているときのほうが湧いてくるということです。ただし、このタイミングや環境は人によって違います。

また、その気づきの残し方も、ノートに限らずスマートフォンの写真など、色々な「キ

ャプチャー」(捉《とら》える)の仕方があって良いと思います。私の周りであれば、例えばインスピレーションだけを集めたインスタグラムアカウントをつくっている人もいれば、それらをすべてスケッチで残す人もいます。人それぞれでいいのです。

大切なのは「気軽にできること」です。そして、できればそこに「問いかけ」も一緒に残してみてください。スケッチしたノートの端っこや、インスタグラムのキャプション欄でもいいので、「○○を○○できないか?」「どうすれば○○をもっと○○することができるか」といった問いかけを残すのです。私自身の経験からも、そうして残した問いかけ、あるいは見方によってはブリーフ(お題/トピック)のようなものが、実は後々、最も役に立っています。そして、面白い問いかけさえあれば、プレゼンテーションであれ、資料であれ創ることができると感じています。

私のひらめきの瞬間は、多くの人と同じようにシャワーを浴びているときや、旅の途中などです。皆さんはどうでしょう? 自己分析をしてみて、自分にとってのベストな瞬間を知っておき、その時間を大切にするように意識するのがおすすめです。

また、そのようなときに頭に浮かぶのは直近の出来事だけではありません。最近自分がした新しい体験や出会いなども思い出したりするものです。目の前の出来事、直近の出来事、過去の経験などが組み合わさって、新しい発想や問いかけにつながっていきます。

そういった様々な体験をするための「余白」を日々の生活の中に残せるかどうかということも重要です。私の同僚たちはよく"Let yourself be inspired"という言葉を口にしますが、これは inspiration を取りにいくだけでなく、受け入れやすくすることの大事さを表現している言葉でもあるのです。

効率が落ちてもチームで考える

さて、最近色々なところでチームでのブレーン・ストーミングの非効率さについての議論があるようです。確かに、ブレストに効率性を求めるのであれば、実は「一人でやるブレスト」のほうが効率が良いです。焦点も合わせやすいですし、整理も楽でしょう。

一方で、少なくとも私の場合、一人でブレストをすることにワクワクすることはありません。人間は「他の人と一緒に何かを創り上げること」に喜びを感じるものなので、モチベーションに関わってきます。

また、「他の人」と一緒に取り組むことには、様々な視点に触れられる、それが化学反応を起こしていく様を見ることができるなど、メリットが大変多くあります。例えばそれがブレストという形を取らなかったとしても、「他流試合」を積極的に行うべきなのです。

実は、多くのプロフェッショナルはほとんど他流試合を行っていません。意識をしていなければ、同業他社はおろか、社内の畑違いの部署、あるいはまったく違う業界の人とは、なかなか一緒になることがないのです。だからこそ、そういった人たちと一緒にチームになって何かを創ろうとすると、インスピレーションに富んだセッションになります。そのときに生まれる発想の面白さやワクワクは、メンバーが多様であればあるほど、豊かなものになることは保証できます。

最近は、「他流試合」ができる場がどんどん増えてきました。ワークショップやハッカソン、ピッチコンテストなどに参加してもいいですし、シャイであればまずは気心の知れた友人と一緒に実施してみるのもいいでしょう。

いずれにせよ、違う畑同士の人間と一緒になってチームで何かを発想していくことの肌感覚を知っておくことは、今後ますます重要になってくるということだけは意識しておくべきです。

問いかけのブレスト：クエスチョン・ストーミング

アイディアを出すブレストと同じように、「問いかけ」のブレストもできないか？　そんな発想からクエスチョン・ストーミングが発案されてから、実は40年近くが経つと言われています（クエストーミング、日本語では質問ストーミングと呼ばれることもある）。ブレストほどの知名度がないのは、私たちがソリューションのほうを重視してきた歴史にも関係があるのかもしれませんが、ハーバードビジネススクールのクレイトン・クリステンセンや、ＩＮＳＥＡＤのハル・グレガーセンも推奨しているアプローチです。日常的に問いかけを創出するという行為に慣れていないチームや組織には、非常に効果的な手法です。

本書でも書いていますが、問いかけを創出するというのは、アイディアを出す行為よりも「答え」から距離があるので、チームによっては心理的な障壁が低く感じられる場合があります。良いアイディアがなかなか出なかったり、行き詰まったりしたときは、他の問いかけを試す、あるいはクエスチョン・ストーミングのようなものを使って一度問いかけ自体を出しなおすということも非常に有効なのです。

クエスチョン・ストーミングにおいて、個人で問いを立てて磨いていく方法と、チームで問いを立てて磨いていく手法に、基本的に違いはありません。ただ、ブレスト同様、場合によっては個人のほうが効率的に見えたとしても、できる限りチームで問いを磨き、試し、フィードバックを得たほうがいいと私は考えています。ブレストもそうですが、問いを立てる際に必要な〝主観〟が、チームで行う場合はメンバーの数だけあるので、その分、問いが豊かになるからです。仮に、最初に与えられた問いが一つであったとしても、その解釈はメンバーの数だけあるので、やはり問いの質は上がっていきます。

また、クエスチョン・ストーミングは、まだチームとは言えない人々の集まりを、チームに変えていくプロセス（チームワークを高めるプロセス）でも有効です。「ここで我々に何ができるか」「このメンバーで共有すべき問いは何か」といったことを話し合うことで、方向性をすり合わせることができるのです。

つまりこれは、チームのマネジメントをする立場の人にとっても、有効な手段だということです。メンバーに問いを出し合ってもらい、磨き合ってもらうことは、チームビルディングのプロセスそのものだからです。

原則として、問いはその後のアクションのために立てるものですが、ブレスト同様、この段階で「実現性」を問う必要はありません。そのほうが、価値観や行動理念など、普段の業務ではなかなか達しないところへと踏み込んでいくことができますし、むしろそうすべきです。

企業で働く多くの人には、できるだけ早くソリューションを得ることが是だという思い込みがありますが、むしろ、理想について語ったほうが、チームの基盤となる共通認識(いざ業務に入るとなかなか確認しにくい)が構築できます。

【コラム】

IDEOは、ブレストに関して長年の歴史と定評がありますので、ここで、その質を上げるための7つのルールを紹介します。これは、クエスチョン・ストーミングにも当てはまるものです。

まず、そもそもブレストが活用できる場面としては、次の5つが考えられます。

・アイディアをクイックに創出したい
・選択肢の幅を広げたい
・行き詰まった人を助けたい
・より大きなグループからのインサイトを注入したい
・ワクワク感を醸成したい

次の7つのルールについては、私が入社して教わった当時は、「自由に発想するために制約を設けるの？」と疑問に思ったものですが、その効果はその後すぐに業務の中で実感するようになりました。

①すぐに判断／否定をしない：まだアイディアも出ておらず、確からしさも試していない状況の中では、良いアイディアも悪いアイディアも存在しない。ブレストのような場ではそのような判断をしないし、否定もしない。

②飛躍したアイディアを歓迎する:アイディアや発想は、たとえ飛びすぎてしまっていても「では何ならできるか」と引き戻すことはできる。むしろ保守的なアイディアをさらに飛躍させろと言われても非常に難しい。「飛んでしまう」ことを恐れる必要はない。

③他者のアイディアを広げる:一人でやらないブレストの最大のメリット。他の人が出したアイディアをどう活《い》かすか、どうすればもっと良いアイディアにできるかを考える。同時に自分も「最高のアイディアを出さないといけない」という強迫観念から解放し、むしろ「もしかしたら他の人が良くしてくれる」くらいの感覚で良い。

④トピックに集中する:時間を決めてやるので(通常一つのトピックに対して20分を超えることはない)、アイディアは広げてもいいが、トピックは決める。

⑤会話は一つずつ:一人が喋《しゃべ》っているときは皆聞く。遮ったり、割り込んだりしない。

⑥視覚的にアイディアを共有する：上手下手、絵心の有無にかかわらず、できる限り絵などで可視化する。言葉だけだと、メンバーの頭の中に浮かべているイメージは違うかもしれない。また、視覚的にすることで、そのアイディアの上にアイディアを重ねたり、広げたりしやすくなる。

⑦質より量：一つの完璧《かんぺき》なアイディアを出すのではなく、たくさんのアイディアを出すことが重要。質は実験をしながら磨くもの。

クエスチョン・ストーミングのスタート地点

様々な問いかけから始まるブレストに対し、クエスチョン・ストーミングのスタート地点は、基本的には常に、

「私たちが今投げかけるべき問いかけはなんだろうか？」

という問いです。そしてトピックを選び、ブレストと同じように問いを出していくのですが、このとき前述の７つのルールはそのまま適用できると私は考えています。付け加えるなら、当たり前のことですが「答えやソリューションは出さない」ということぐらいでしょう。出すアイディアの量についての決まりはありませんが、大体50個くらいが一つの目安とされています。そしてその中から問いかけを選択していきます。慣れてくれば問いかけの質はだんだん上がっていきますので、数にかかわらず、取り組みたいと思えるものが創出できるようになると考えています。

クエスチョン・ストーミングのコツ（1）肯定し、許可感を醸成する

ここからは、ミッションが明確なチームでのクエスチョン・ストーミングのコツについて述べていきます。

まず、押さえておくべきは、「ネガティブな空気は伝染する」ということです。

議論が盛り上がったとき、誰かの「で、何の役に立つの？」といった、場を一気に冷や

す発言を耳にしたことはありませんか。こうしたネガティブな、水を差すような発言は、参加者の気分を一変させます。ネガティブな場をポジティブに変えるより、ポジティブに温まっていた場を急冷させるほうが簡単で、かつ取り返しがつきません。

なので、どんな問いに対しても肯定的に受け入れるというルールが必要です。

前にも書いたように、人は他人から評価されることを恐れています。その程度のことしか言えないのかとか、そんなことを言うなんて愚かだとか、なんて青臭いことを言っているのだとか、そういったことを言われたくないし、思われたくないのです。主観的な発言ができない人の大半は、このことを過剰に恐れています。

私もかつてはそうでした。主観を口にすることにどこか照れのようなものもありました。ですから、留学先で出席していたマクロ経済の講義終盤で教授に突然指名され「あと10分あるから、このフロアを君に渡すよ。君の視点を自由に話してほしい」と言われたときには、戸惑いました。その講義は日本経済のケースを扱う最終回でした。

そこで私は、普段は胸の内に秘めていた、「どうすれば日本を変えられるか？」「どうすれば日本の次の世代のロールモデルになれるか？」と思って留学したということを話しました。

話し終えると、90人のクラスメイト全員が立ち上がり、拍手を送ってくれました。

そこで私が感じたのは「ああ、こういう話をしてもいいんだ」という許可感でした。誰も茶化さないし、無理だとも言わない。応援してくれる。私はこうした、主観を話せる、それを受け入れてくれる場で働き続けたいと強く意識した瞬間でもありました。

様々な問いを得たければ、どのような問いも許容すべきだと考えるのは、この経験があるからです。

クエスチョン・ストーミングのコツ（２）無責任になり、越権する

ある電力会社の新規事業創出のプロジェクトに関わったときでした。プロジェクト終了後しばらく経って、クライアントの皆さんが進捗《しんちょく》を共有しにきてくださったとき、「ＩＤＥＯの人に『問いもアイディアも無責任なくらいでいい』と言われてすごく楽になったのが一番印象に残っています」と言われました。

問いは、無責任に投げかけて一向に構わないものです。よく、「言い出しっぺが責任を

取るべきだ」などと言いますが、こうした場での問いの場合は、その必要はありません。これも〝すぐに判断／否定をしない〟に通じるルールの一つです。

もしも、言い出しっぺが責任を取るようなルールにしてしまうと、問いを投げかける人は激減してしまいます。そのような状況は、今の日本の会議室では多発しています。

クエスチョン・ストーミングの目的は、正しい問いを言い当てることでも、発言者に責任を負わせることでもありません。様々な主観を寄せ合って問いをより良く磨くという、一人ではできないことをすることです。

さらに言えば、「越権」も歓迎すべきです。直接関わっていない仕事やプロジェクトに対してのものであっても、前向きな問いであれば否応《いやおう》なく受け入れられます。

では、「無責任に出された問い」をもとに、次にやってみる（試行する）ことが決まったら、誰がやるのか。それは、クエスチョン・ストーミングの参加者全員です。クエスチョン・ストーミングとは、合意形成の場でもあるのです。

クエスチョン・ストーミングのコツ（3）問いを問いのまま終わらせない

クエスチョン・ストーミングにおいて、本来の意味で無責任なのは、何も発言しない人です。自ら問いを立てることも、誰かの問いに反応することもない人は、そこに存在する意味がありません。なので、メンバーは積極的に問いを口にする必要がありますし、発言していないメンバーがいたら、発言を促す必要があります。

そもそもなぜ、問いを立てるのかというと、そのあとどういった行動をするかを決めたいからです。「どうすればできるか」を考え「こうすればできるかもしれない」というアイディアが生まれたら、その「こうすれば」を試してみなくては、問いを立てた意味がありません。

最悪なのは、問いを立てるのはリーダーで、それに対してメンバーがアイディアを提案し、リーダーがそのアイディアの中から最も良さそうなものを選び、実行についてはメンバーに丸投げするというものです。それでは、問いのない場での仕事の進め方とさほど変わらなくなってしまいます。大切なのは、皆で問いをぶつけ合い、優先順位をつけ、皆でその問いに対する責任を共有し、行動を起こすことです。

では、どこでクエスチョン・ストーミングをいったん終えて、行動に移すのか。出てくるアイディアが具体的になったときが、潮時です。

このときのために、あらかじめまとめ役を決めておいてもいいでしょう。ただし、それはあくまでまとめ役です。

クエスチョン・ストーミングのコツ（4）問いかけに聖域を設けない

どの問いやアイディアを優先させるか――その決め方は、その場でシールを使っての投票のようなやり方でも大丈夫です。なぜならこれは「何から始めるか」という優先順位をつけているだけで、取捨選択をしているわけではないからです。多くのビジネスパーソンは深い検証をせずに選択肢を選ぼうとし、しかも他の選択肢を捨てることを恐れます。しかし、優先順位をつけるということは、「他の選択肢を捨てる」ということではないのです。

もちろん、無理に急ぐのではなく、じっくり言葉（思考）を交わしてからでもいいでしょう。特にあらかじめ「落とし所」をイメージしてしまう危険もあるので、ここはできるだけオープンに議論すべきです。

場合によっては「壊れてないなら直すな」といった意見を言う人もいるかもしれません。しかし問いを交わすということは、原理原則の部分にまで立ち返って話し合うということでもあります。「結局、それって儲《もう》かるの？」という問いに対しては「お金だけが大事なんでしたっけ」という問いをぶつけるべきです。質問に質問で返すなという言葉もありますが、それは単に楽をしたい人の言うことです。何かを聞かれたら「では、こんな問いも立てられますね」と返すことが、問いを磨くということです。

問いをぶつけ合うということは、価値観のピントを合わせ、新しいモノサシをつくろうとする行為でもあるのです。

この章では、様々な問いの磨き方をご紹介しましたが、次章では私たちの日常生活や仕事における意識について書きたいと思います。

第5章

「仕事を、人生を楽しくするために、今日から何ができるだろうか」

自分への問いかけ

皆さんにとって「幸福」とは何でしょう？　今、そしてこれからの日本で働く私たちは、本質的にこの大きな問いかけについて、問い直さなければならない時代に突入していると言えます。

「どうすればより幸福な人生を歩んでいくことができるだろうか？」――きっとこれは、すべての人が無意識に自身に課している問いかけです。なかなか立ち止まって考える機会はないかもしれません。むしろこの問いと向き合うことを避けたい、という人もいるでしょうか。なぜなら、その問いについて考えをそのまま進めていくと、

「今自分は幸福なのだろうか？　違うのであればなぜだろうか？」

「今やっていることは本当に自分のやっていたいことなのだろうか？」

「5年後、10年後、20年後に、自分はどんな生活を送っていたいだろうか？」

「自分にとって現在最も大切な３つのものはなんだろうか？」

といった問いに行き着くからです。どれもとても難しい問いかけですし、場合によっては自分の触れたくない部分を抉《えぐ》るようなものでもあるかもしれません。

本書では、ビジネスや組織、プロジェクト等にとっていかにこのような問いかけが重要かということを論じてきましたが、私たちにとって最大のプロジェクトは、私たちの「人生」そのものです。

突然話が大きくなって戸惑っている方もいらっしゃるかもしれません。

とはいえ、そもそも「イノベーション」「創造」「新しいものを創り出す」といったテーマが持っている方向性は認知科学系であり、すべて行き着くところは、マインドセットや行動のあり方、そしてそれをどう変えていくかというところですし、同時に人々の欲求もその点にあるといえます。これはデザイン思考、クリステンセンのイノベーションセオリー、さらには近年注目されたマインドフルネスのようなものについても同様でしょう。

私たちはそこに方法論を求めがちですが、例えば「マインドセットを変える」という作業一つとってみても極めて個人差があり、「ＡからＢへ」といった方程式では済まないものです。

問いかけについても同様です。だからこそ私も、「多くの人が『自分ごと』として、日々の中で様々な問いかけを仕事や自身に少しでも多く投げかけるような流れができれば」と思い本書を綴《つづ》ってきました（と言っても、そんなに気負うようなことではありません。日々少しずつで良いので行動を変えていくことができればいいと思っています）。


一方、こうした「個人の幸福」に関する究極的な問いかけへの答えを突然求められることもあります。

元ＫＰＭＧ社（大手会計事務所）ＣＥＯのユージーン・オケリーは53歳のとき、癌で余命３ヶ月を宣告されます。彼は初日には仕事の引き継ぎの準備、２日目には遺言等の整理というペースで作業に取り組みました。

そして、自身に問いかけます。

「どうすれば余生をまるであと数十年生きたかのような密度で生きることができるか？」

「今やっていることはなぜやっているのか？」

「未来ばかり見ていることをやめ、そのエネルギーをすべて目の前の今起きていることに

向けたならばどうなるだろうか?」

「この一瞬一瞬を、まるで時が止まったように感じるほど味わい尽くすには、どうすればいいのか」

「自分にとって完璧《かんぺき》な瞬間とはなんだろうか?」

「愛情以外の、時間よりも大切なものとは何か」

「私たちが忘れかけている、自分らしい自然なふるまいを呼びさます必要はないだろうか」

「どうすれば自分の学びを病気ではない人たちにも糧にしてもらうことができるか」


そして彼は、余命をどう過ごすかをデザインしていきます。日々大切な人たちと時間を過ごしていき、娘と旅行へ行き、同時に"Chasing Daylight"という書籍も遺《のこ》します。

もちろんこれは極端なケースではあります。しかし、有限の時間の中で、その時間の使い方を見つめ直すうえで、問いかけは非常に重要な役割を持ったのです。

自身への問いかけとのマッチング

就職活動の際に、自己分析の一環として「問いかけ」に取り組んだ人がどれほどいるかはわかりません。私自身、新卒のときにはそんなことは微塵《みじん》も考えていませんでした。しかし働いていくなかで、自分がどんなことが好きで、どういうときに喜びを感じるか、といったことが徐々に見えていきました。

その結果、私が常に自問自答するようになった3つの問いかけがあります。これはすなわち、私の仕事選びの軸と呼べるものかもしれません。他の問いかけと同じように「可変」であるとも考えていますし、人によっては抽象的だと思われるかもしれませんが、基本的には次の3つを軸にして、キャリアを選択しています。

「日本の未来に貢献できるだろうか？」
「変化を生み出し続けることができる場所だろうか？」
「日本だけでなく世界を見渡す視野が維持できる場だろうか？」

また、その後ビジネススクールへ行く際は、

「世界の同世代のビジネスパーソンの中で自分はどのような位置にいるのか？」

「今まで学んできたことをより体系的に昇華するにはどうすればいいか？」

「日本の変化にさらにオーナーシップを持って、新しいアプローチで貢献できる方法はないか？」


といったことを考えていました。そして夏休みにIDEOのアメリカのオフィスでインターンをすることになり、卒業後に入社、間もなくして日本のオフィス立ち上げに参画することになったのですが、そのときは先述の3つの軸以外に、

「どうすればビジネス系やクリエイティブ系といった旧来的なキャリアパスの分類、文化や国籍にとらわれず、創造的に働ける場を日本で作ることができるだろうか？」

「どうすれば日本企業の変革の触媒／支えになることができるだろうか？」

「どうすれば圧倒的な多様性を持つ組織を日本でビジネスとして成立させることができるだろうか」


といった問いかけへの挑戦に飛び込みました。

この問いかけへの挑戦はまだ続いています。その後IDEO Tokyoのメンバーは40人近くになり、D4Vというベンチャーキャピタル事業も立ち上がり、IDEOグローバルの中でも存在感を増していきました。立ち上げメンバーの4人で表参道《おもてさんどう》の裏通りの小さなオフィスで働いていた頃には、まったく想像のつかなかった世界です。そして、私自身もその後、再び別の会社で新たな組織の立ち上げに取り組んだりと、相変わらず予測がつかないチャレンジを続けています。

これから先ももちろん予測がつきません。しかし、自分の問いかけに挑戦をし続けることができ、さらにはそれを共有できる似たような志を持った仲間がたくさんいることは、幸福だと感じます。また、様々な業界の素晴らしいクライアントと創造的な問いかけに取り組める環境は、非常に刺激的でやりがいがあるものです。

仕事は苦行ではない

新しいものをつくることは、楽しいことです。私はそう感じていますし、だからこそ、新しい事業なり、商品なり、サービスや体験を作り出したいという企業の方と一緒に新しいものをつくることを仕事にしています。

ＩＤＥＯＴｏｋｙｏが立ち上がってからまだ間もない頃、衝撃的な体験をしました。日本の経済成長を牽引《けんいん》してきたあるメーカーに勤める方、50人ほどに調査の一環として話を聞いたときのことです。「仕事でのやりがい、楽しさをどのようなときに感じるか」を尋ねたのですが、最も多かった答えは「仕事ってそもそも楽しいものなんですか？」というものでした。「仕事は仕事なので、楽しいかどうかは別ですね」という言葉も、所属部門を問わず多くの方から聞かれた言葉です。

その会社の文化、風土に関係しているのかもしれませんが、日本を代表する、労働環境にも恵まれた大企業に勤める人たちによるそういった言葉は、正直ショックでした。起きている時間のうちの大半を占める仕事が楽しくなく、それをそういうものとして諦《あきら》め、疑いを持っていないことは驚きでした。そして、その後多くの企業で同様の状況があることを知りました。

しかし、仕事は楽しいものですし、もしそうでないなら、努力と工夫次第で楽しくすることができる、と私は思っています。

新しいことも、人に指図されて取り組むとなると苦行かもしれませんが、能動的に問いを立て、これだと決めて取り組む仕事であれば、楽しさで溢《あふ》れるものです。やりがいを感じなかったり、楽しくなかったりするのは多くの場合、それが自分自身で立てた問いではなかったり、それに対して自身の創造性を自由に発揮できていないことが原因であることが多いのではないでしょうか。

今でも「仕事は苦行で然《しか》るべき」といったような意見が散見されますが、私はこれには反対ですし、もし本当に苦行と感じるのであれば、そこには疑問を呈すべきです。昨今、自身の仕事をより自分のやりたい仕事へと変貌《へんぼう》させていく「ジョブクラフター」という人たちも注目されるようになってきました。私も数人こういった人たちを知っていますが、一方でなかなかそうもいかないという人たちがいることも事実です。

なかなか踏み出せない人へ

大変な状況の中で働く人に「問いかけをつくって、自身の状況にも疑問を持つべきだ」

などと伝えてもなかなか共感は得られないと思いますし、「そうは言うけど……」といった気持ちになるのではないかと思います。

人によっては、問いを立ててもそこから行動するのはとても勇気が必要なことですし、恐怖すら感じる人もいるかもしれません。しかし、少しでも何か変えたいことがある、あるいはあるかもしれないと感じた場合、**動き出さなければ景色は変わりません。**

そんなときはまず、「他の人を手伝うこと」から始めてみることを勧めます。

自分ですべてを背負うのではなく、何か新しいことに挑戦しようとしている人、創ろうとしている人、もしくはそういったグループでも良いと思いますが、そういった人をサポートしてみることから始めるだけでも様々なことが変わっていきます。

当たり前ですが、ネガティブな人の周りにいれば自分もネガティブになります。その逆もそうで、自分の周りにポジティブな人が多ければ自分もポジティブになっていきます。

「たぶん無理」「きっとできない」「そんなに甘くない」などと、自ら可能性を手放してきたように感じているとしたら、そのように思わせる強い存在がどこかのタイミング、あるいは今も周囲にいることが大きく影響しています。

子ども時代に持っていたほどの万能感を持つことは難しいかもしれませんが、大人になった今は、「本当に無理なのか」「できないのか」「自分が甘いのか」は、自分で決められます。また、「できる」と言ってくれるポジティブな人とだけ付き合い、ネガティブな人はできるだけ遠ざけることも自分の判断でできます。そして、ポジティブな人との関わりを増やす最も簡単な方法は、ポジティブな人を応援すること、自らの手を動かして手伝うことです。

ＩＤＥＯの人事考課の項目に、「他者の成功を支える」という言葉があることを前に紹介しました。他人を成功させることが評価の一部になっているので、点数を稼ぐために誰かを支えようと考えている人もいると思うかもしれません。しかし、そんなことはありません。「他者の成功を支える」を考課項目として挙げているのには、別の大きな意味があります。それは、「誰かを成功させようとする人の集まった組織では、速く広くクリエイティビティが伝染する」ということです。成功する人が身近にいれば、自分も成功したいと思う。何かを成し遂げた人が近くにいれば、自分も成し遂げてみたいと思う。だから、**新しい何かに挑戦する誰かを応援し、手助けすることは、自分のためにもなる**のです。

そして、そういった人の多くは“I'm helping a friend right now to....”（今、友人が○○するのを手伝っていて……）ということを仕事以外の場面でも口にします。

自分の働く場は自分で選ぶ

アメリカのビジネススクールで非常に驚いたことの一つに、学生の卒業後の仕事の選び方がありました。

多くの同級生は、「やりたい仕事」という文脈はしっかりと持ちつつも、「会社」ではなく「自分の住みたい街」や「ライフスタイル」、さらには「自身の望む生き方を実現できる場所」という軸でキャリアを選択していました。これはまだまだ日本には浸透していない考え方なのではないかと思います。

一方、このような流れはアジア各国に押し寄せています。アジアで働くビジネススクールの卒業生たちと会ったり、人材採用にも関わっていくなかで、日本周辺の人材市場の状況を見る機会がありますが、ここ数年アジアでの人材流動性は高まり続けています。これは現地の人材に限りません。欧米を含め様々な地域から非常に多くの人材がアジアに流れ込んでいます。また、流れ込んでくる人材の特徴としては、従来的なビジネスパーソンに限らず、デザイナーやエンジニア、イノベーションの領域に関わる人材など、多岐にわたっていることです。

上海、香港、天津《てんしん》、バンコク、シンガポール、ジャカルタ、さらにはヨーロッパやアメリカ等、こういった市場をまたいでの人材の流れがあるのです。この流れからは、日本は長らく蚊帳《かや》の外でしたが、ここ数年、そういった人材が日本にも流れ込み始めています。その理由は、彼らが「共感できる面白いチャレンジと、そのための場」が少しずつ日本でも出てきているということです。

私の関わっていたベンチャーキャピタルにも、非常に多くの外国人起業家が相談に来ていましたし、その流れは今も続いています。彼らの多くは「当たり前」とされている様々な事象に問いかけを投げかけています。

企業や社会が面白い問いかけをしていくことで、ますます魅力的で多様な人材が集まってくるでしょう。

「グローバル人材」という言葉はだいぶ使い古されてきましたが、これを従来の「企業で重宝されていた人材」と対比させて考えるならば、その意味は「自分から働く場所を選べる人」ということになるのではないかと思っています。

仕事や会社から選ばれるのではなく、自分から仕事や働く場を選んでいくというイメージです。会社にこだわらず、好きな仕事、楽しい仕事をしていく。いくつかの言語が使えたり異文化圏で働いたりというのは、その一側面にすぎません。また、日本語だけを使っていても、働く場所を能動的に見つけてグローバル人材として働くことはできます。

一方、日本で暮らす私たちは日本がそういった人材にとっても魅力的な国に映るよう挑戦を続けることも重要だと考えます。そうすることで、私たち自身もさらに面白い問いかけに多様な仲間たちと挑戦していくことができるからです。

不確実性は楽しめる

問いかけに取り組むことに不安を感じる人のジレンマは、面白い問いであればあるほどその落とし所がまだ見えていないことが多いということでしょう。これは同時に、「埋めることのできる余白」が多くあるということでもあるのですが、慣れるまではその自由を不安に感じるかもしれません。しかし、その不確実性は、楽しむことができます。

IDEOでよく使われる言葉の一つに、Embrace Ambiguity というものがあります。「曖昧《あいまい》さを許容しよう」という意味です。レールがない以上、不確実性はどうしても生じるのだから、それは楽しむべきだという価値観です。

誰も何も決めてくれない、自分で決めるしかないという状況にあると、何かをやらされるという苦行感からは解放される一方で、自分の選択は正しいのか、本当にうまくいくのかといった不安が生じます。

この不安を克服する方法はただ一つ、克服の実績を積み上げることです。何度もやっていると、新しいことに挑戦するような場合であっても、途中で「これはうまくいく」あるいは「何かはできそうだ」という手応《てごた》えを得られるタイミングが訪れます。すると、始めたときにゴールが決まっていない取り組みであっても、それは「不安なもの」ではなく、「自分次第で創り出せるもの」という捉《とら》え方に変わります。そうなってくると、不安よりも楽しさやワクワク感が勝るようになるのです。

人を中心に据えると前向きになる

これまで多くの組織で当たり前とされてきた働き方は、どこか人間をないがしろにするものでした。していて楽しいか、世の中に新しい価値を広められているか、誰かの役に立てていると実感できるか、といったことよりも、より多くの売上げを上げること、効率が良いこと、必要以上にロジカルであることが優先されてきたのです。だからこそ、今、デザイン思考のようなものが注目されているのでしょう。

繰り返しになりますが、デザイン思考の中心にあるのは、人です。「人にとって本当に良いことなのか」「人が本当に求めているものなのか」――このように「人」に着目する価値観が再び注目され、重要視されるようになっているのです。

人は、お金だけあっても幸せになれないという調査結果があります。世の中に貢献できている、人の役に立っているといった実感がなければ、お金をどれほど持っていても、幸福感は抱けないのです。

企業は人間の集合体ですから、売上げが何兆円にも達して利益率の高い企業で働いているからといって、幸せとは限りません。

さらには、最近はデジタル化が進み、以前であれば人を介さなければできなかったことが、オンラインで簡単にできるようになっています。合理的ではありますが、どこか味気なくもあります。ＡＩを利用したチャットボットのアイコンに人や動物が用いられるのは、その味気なさをカバーしようとするものでしょう。

金の亡者を育成してきたかのようなイメージを持たれることの多いビジネススクールも、変わってきています。

不正会計疑惑の指摘がきっかけとなり、アメリカの優良企業とされてきたエンロンが倒産したのは２００１年です。ワールドコムの破綻《はたん》の引き金となったのも粉飾でした。ビジネススクールが「お金こそ最優先にすべきだと信じる人たちをつくり出した元凶」として糾弾された時期もありました。

ビジネススクールもこの点を反省し、お金を最優先にはしなくなってきています。代わりに中心に置かれるようになったのが、人です。私自身、ハーバードビジネススクールにいる間、幾度となく「幸福」や「やりがい」について考えさせられました。そして、卒業後5周年の同窓会で学校に戻った際にも、同じトピックについてクラスで当時の担任のもと、議論をしました。このときも話題として挙がっていたのが、どんなに役職名や給料が立派になっても、それらは幸福感ややりがいとは比例しない、という点でした。自身が挑戦したいと心から思えるチャレンジに取り組み、結果誰かが幸福になるということに勝るやりがいなど、ほとんど存在しないのです。

第2章で、「問いかけの中に『人』を入れるとポジティブになる」と書きましたが、「人」を中心に据えると、売上げや利益や効率のために「人」の部分を犠牲にするという選択肢は自《おの》ずと選ばれなくなり、それは私たちの仕事の苦行感を激減させ、また、その仕事に消費者やユーザーとして接する人のストレスも減らしてくれるのです。

第6章 「生成ＡＩが台頭する時代の問いかけとは？」

時代が大きく動くなかでの「問いかけ」

この本の単行本版執筆時の2018年から5年足らずで、世界は大きく変化しました。２０２３年に入ってからのＬＬＭ（大規模言語モデル）をはじめとする生成ＡＩの拡がりを見て感じるのは、「まだまだ先であろう」と考えていた未来が突然訪れたような感覚です。もちろん、コロナ禍が私たちの社会や価値観に与えた影響も多大なものであったことは間違いありません。

世の中の大きな変化は様々ありますが、新たに新書版に加筆するこの章では特に生成ＡＩにフォーカスしてみようと思います。なぜならそれ自体が、新たな原稿を加えて新書として刊行するきっかけになったからです。

実は単行本版が刊行された当時は、私の前職時の制約などもあって、あまりマーケティングをすることができませんでした。ただ、刊行後から「問いかけ」に関する様々な書籍が出版されるというれしい流れがあり、ありがたいことに、今年に入ってから私の書いた本を手に取ってくださる方がまた増えているとも聞きました。実際、読んだよと声をかけてくださる方や、本の内容について講演させていただく機会も増えた実感があります。実はそのきっかけが、生成ＡＩだったのです。

生成ＡＩはとにかく進化のスピードが速く、毎月、毎週といったようなペースで新たなユースケースが生まれたり、新しいアプリケーションに組み込まれたりしています。そうした展開のすべてにおいて、今のところ共通しているのが、「プロンプト」（ＡＩへの指示／問いかけ）を必要としている点です。プロンプトエンジニアリング（ＡＩをうまく扱うための問いづくり及びテンプレート化）という行為やスキルが注目されるほどに、私たちは今、「ＡＩに何を問うか、問えるのか」ということに夢中です。

その波及効果として、改めて「問いかけ」への注目が高まったのではないでしょうか。生成ＡＩで可能になることというのは、おそらく今から1年後くらいにはさらに想像がつかないレベルに達していることも容易に考えられるので、この新章でこれから書くことの賞味期限がいささか心配ではありますが、できるだけ汎用《はんよう》性の高い話を書いておこうと思います。

いつの間にか浸透するテクノロジー

改めて、生成ＡＩという技術の登場は、新しい時代の幕開けを感じさせるものです。生成ＡＩの進化は、情報の取得から伝達、そして学びの方法にまで影響を及ぼしていて、私たちの日常生活やビジネス活動において、その存在感を増しています。

ビジネスの世界でも、この技術の導入は進行中で、多くの企業は生成ＡＩを活用して、効率的な業務遂行や新しいビジネスモデルの開発を試みています。そして、その努力の表れとして、私たちの手元には様々な生成ＡＩツールが登場しているのです。特にOpenAIのGPT-4を活用してみて、その凄《すさ》まじい能力に驚かされている方は多いのではないでしょうか。このようなツールは、私たちの考える力を増幅させ、新しいアイディアや解決策を迅速に見つけ出すことを期待されています。

この転換は非常に唐突に訪れたように感じられます。先日あるテック企業の幹部に「なぜこうもダムが決壊したかのごとく、一気にＡＩが溢《あふ》れ出したのか」という話をしたところ、「ずっとみんな研究や準備はしていたのだが、伴う問題も大きいため、誰かが先陣を切ってくれるのを待っていた」とのこと。まさにこの先陣を切る形になったのがOpenAIのChatGPTとマイクロソフトであったということです。

そのようにして賽《さい》は投げられたのち、私たちは今必死にそれに適応しようとしています。とてもエキサイティングな時代だといえます。

ChatGPTが世間を賑《にぎ》わせはじめてから、半年以上が経過しました。日常的に生成ＡＩを活用している人もいれば、おそらくまだまったく触れていない人もいるでしょう。しかし気づかない間に、あなたが日常的に触れているメール文や資料、画像などには、すでに誰かが生成ＡＩで作成したものが、結構な確率で含まれていることでしょう。これが今回のディスラプションの非常に興味深いところです。

私は仕事上、日々、私たちの社会や生活、ビジネスの未来のあり方などを考え続けていますが、新しいテクノロジーが浸透するプロセスについて、わかっていることがあります。それは多くの場合、新技術がひとしきり盛り上がった後の一定期間は、「思ったほど日常が変わらない」という、ある種のがっかりした気持ちや失望を感じてしまうことです。これはFuturingと言われるような未来を描く行為の中ではDeceptive Disappointment（欺瞞《ぎまん》的な失望）と呼ばれることがあるように、テクノロジーが急速に浸透する（したように感じる）前にくる、難しい期間です。盛り上がれば盛り上がるほど、この期間は長く感じられ、そのテクノロジーが社会へもたらすインパクトの踊り場のようにさえ感じます（大体の人はこの時点でそのテクノロジー等の存在を忘れる）。言葉を替えれば、実はこの期間が本当の試金石となるわけです。

例えば産業革命は、歴史上で最も変革的な出来事の一つです。ただし、工場におけるこの革命は、瞬時に生じたものではありませんでした。産業革命といえば「突然の変化」として捉《とら》えられることが多いものですが、実際には工場のレイアウトがうまく活用されるまでに10年以上の時間がかかっています。この変革の過程で数多くの企業が挑戦し、多くが失敗し、消滅していきました。このあたりの実際はイノベーションの副作用としてあまり語られない部分かもしれません。

現代の技術革命として、特に生成ＡＩの進化は注目されています。一部の専門家や研究者は、この変革が産業革命よりもはるかに迅速に進行すると予測しています。しかし、重要なのは、流行や一時的なブームが去った後も、その技術や思考が持続的に私たちの生活に影響を与えることです。

変化する常識

さて、このような背景があるなかで、先日、ハーバードビジネススクール（ＨＢＳ）の新しい学長がコロナ禍以降初めて日本を訪れ、話す機会がありました。彼は、教育現場においても生成ＡＩが大きなトピックになっていることを語ってくれました。なかでも興味深かったのが、ＨＢＳではすでに学生がChatGPTのような生成ＡＩを活用することは不可逆な流れであることを受け入れたうえで、新しい取り組みが必要であるとしていたことです。特に論文試験やケース分析の授業でこの流れは顕著なようでした。具体的にはHBS-tunedとも言える専用生成ＡＩの開発を進めているとのこと。このＡＩはユーザーの問いに対して単に答えるのではなく、「問い返す」機能を持つということでした。これは、より質の高い問いを生むための技術であり、学長もこれからのＨＢＳの重点分野の一つが、良質な「問いかけ」を創造することだと語っていました。このような話は、他の教育現場でも起きています。

総じて言えることは、情報整理やロジック構築、単純作業の部分がどんどん置き換えられていっているということです。例えば学生やビジネスパーソンの中には、すでに授業や会議の録音をAIに放り込んでノートや議事録にしてもらうということをしている人もいるでしょう。

これは悪いことなのでしょうか？　このように私たちの周りの仕組みや常識が確実に変化していることに批判的な意見も目立ちますが、私は総じてポジティブなものとして捉えています。

一番しっくりくるたとえを挙げれば、ATMが広まってきたとき、現金のやり取りをしていた銀行の窓口業務が消えるという話があったそうです。しかし、窓口は消えませんでした。おそらく日常的な現金の出し入れのために窓口へ行く人はいなくなったように思いますが、窓口はより複雑な、人間にしかこなせない業務にリソースを割くようになりました。

私たちの生活にもこのような変化が起こるのではないかと私は考えています。では、具体的に私たちは、これからどこに時間を割くことになるのでしょうか？

ビジネスにおける変化

生成ＡＩの影響に関しては様々な議論がありますが、その特徴の一つとして「影響する層」があります。従来、新規テクノロジーによるディスラプションは、単純作業が置き替えられるというようなものが多かったのですが、今回大きな影響を受けるのは、いわゆる専門職やプロフェッショナル、ホワイトカラーと言われる層です。マッキンゼーが最近出したレポートによると、なかでも日本においてはこの影響が大きいようです。効率性を向上させる余地が大きいからでしょうか。

生成ＡＩの進化が業務にもたらす影響の一つとして、情報整理と分析の非対称性の解消が挙げられます。多くの専門職は、情報の整理や分析能力をもとに、クライアントとの関係を築いてきた部分がありますが、生成ＡＩの登場によって、この非対称性が大幅に縮小する可能性があるということです。さらに、シナリオ作成やブレスト、ワークショップの効率が向上し、フィードバックの質も高まるでしょう。議論や相談事項のスタート地点そのものが変わります。

また、現状（本項執筆時点）ではGPT-4等のリアルタイムウェブ参照機能は極めて限定的ですが、ここが進化すればデスクトップリサーチと言われていた作業のやり方も大幅に変わる可能性があります。今までは使用言語や検索場所の選択など、実は属人性が高い作業でしたが、ここにＡＩが入ることのインパクトは大きなものがあります。

さらにロジカルな戦略の構築についても、ＡＩがその役割を果たす可能性が高まっています。ＡＩはデータに基づく論理的な判断や予測を得意とするので、連続的な論理構成の積み上げをベースにするような作業については活躍が期待できます。またその延長線上で、カリキュラムやロードマップの作成など、具体的なプロセスの構築においても、生成ＡＩがその力を発揮することが予想されます。ＡＩで部屋の掃除のステップバイステップを作ってもらうことで掃除ができるようになった人の話や、リスキリングの一環で新しい学習プランをＡＩと考えた人の例など、このあたりの事例には事欠きません。

一方で、デザイン／デザイン思考のような世界ではどうでしょうか？

画像系の生成ＡＩの進化も目覚ましいものがあります。例えばMidjourneyを使えば誰でも瞬時にイメージしたような画像が作れるし、様々なスタイルの提案にも使うことができます。DALL·Eを使えば誰でも北斎《ほくさい》の絵の端から、好きなテイストで絵を描き加えることができます。Adobe Fireflyを使えば従来は慣れが必要だったPhotoshopのようなツールもプロンプトで活用できます（Fireflyの、著作権やクリエイターの収入等にも配慮したＡＩモデルは画期的です）。

視覚化やプロトタイピングの工程も大きく変わるでしょう。デザインやビジュアライゼーションツールが身近になることで、より迅速で効率的なデザインプロセスが実現されます。生成ＡＩが持つこのポテンシャルは、今後のデザイン領域に大きな変革をもたらす要因になると思います。

これは言い換えれば近い将来、「ビジュアライゼーションをしない」ということについて誰もが言い訳できない世界になるということです。

デザイン思考の文脈でさらに言えば、デザインリサーチのための調査設計やブレストのパートナーになるなど、様々な場面での実験も行われています。ブレストの質自体はまだ玉石混淆《ぎょくせきこんこう》といった状態ですが、ブレストで創出されるアイディアの純粋な量という意味では、人間だけで実施した場合の数倍になるという結果も出始めています。コラボレーションをする相手としては有用だと言えますし、もちろん一人でブレストに取り組んでいたような人にとっては大きな味方になります。また、本書でもいくつか紹介しているような強制発想のフレームワーク（例えばＳＣＡＭＰＥＲ等）は、実は生成ＡＩにも活用可能で、相性も良いため試してみることをおすすめします。

ＡＩはクリエイティブになれるのか？

クリエイティビティとはなんなのでしょうか？

ここで唐突に、非常に大きな問いを投げかけてしまいましたが、先日講演をさせていただいた際に、このような議論になったのです。少し前までは、この部分は感覚や直感、感性といった、ある種ブラックボックス化されたエリアとして人間の聖域でしたが、今年に入ってから次のような興味深いことが起こり始めているのです。

ある写真のコンテストで優勝した作品がＡＩによるものだと判明したのです（作者は結

果的に賞を辞退しました）。また、アーティストのDrakeとThe Weekndの声をＡＩを使って模倣して作成された楽曲がヒットする（その後、著作権侵害を理由に配信停止）など、「ＡＩが作ったものは人間の感性に訴えかけない」という論調は、脆《もろ》くも崩れ去りました。他にも、画像生成ＡＩを活用して実在しないインフルエンサーを作成し、多くのフォロワーを獲得するなど、個人レベルでも様々な社会実験が行われています。

グラミー賞はＡＩだけで作詞作曲されたものについては受賞対象外とすると発表していますが、これは私たちが今問われている点に関係する動きです。つまり、人が作ったものであればクリエイティブな価値があるのか、それとも人が「良い」と感じれば価値があるのか――この議論は非常に盛り上がりました。

そもそも人間の持つ「クリエイティビティ」というものが新しいものを創出する力で、それが人間の認知を超えたところでの情報の結合で起こるものだと考えると、究極的には人間の認知能力を超える可能性のある生成ＡＩにも代替可能なのではないかと考えられます。しかし、それまではまだ少しだけ猶予があるのかもしれません。

人間にとってより重要となる要素

ここで、「今後、より重要になる」と感じている要素を挙げておきます。

「身体性」「共感性／好奇心」「価値観のアップデート」「未来を想う力」です。

まず当たり前かもしれませんが、現段階では、実際に自分の身体、五感を使って感じるということは生成ＡＩに代替されない部分であり、引き続き重要性を持つものです。コロナ禍後、すっかりリモートワークが定着した時代に皮肉な話ではありますが、〝現地現物〟の重要性は高まるでしょう。そしてここは、他者との大きな差別化要素になり得るポイントです。体験価値という言葉自体はすっかり定着しましたが、その中でも自らの身体を通じて得られるものの価値はさらに高まるということです。企業活動の中でも、リサーチや実体験の価値が再定義される可能性があります。仕事の場面においても生成ＡＩが今後多くの事前リサーチ等を画面上で完結させてくれるのであれば、本当に強くなるのは「やったことがある」や「見たことがある」という言葉の説得力なのではないでしょうか。百聞は一見にしかずです。

これと関係してくるのが、共感性や好奇心です。本書の中でもこれまで触れていますが、「誰かのために」というのは私たち人間にとって最も根源的な動機の一つです。自発的な好奇心も同様に、人間固有の特性だと感じます。

そして好奇心や共感性というのは、人間の価値観と共に、その対象や感じ方が変化するものです。現状のＡＩは既存のデータやルールに基づいて動作しますが、倫理観や価値観は社会や文化の変化に応じて進化します。そうした文脈の微妙な変化に気づき、紡ぎ合わせていくのは人間の領域です。

最後に、こういったことをベースにしたときに望ましい未来、ありたい姿とは何なのか——これを考えることは、「予測」ではなく、人間の「創造的作業」であると思います。そして、このために必要なのが良質な「問いかけ」を創り出す力です。

生成ＡＩの急拡大から半年以上経った今でも、この仮説は多方面で支持されているように思います。

実際、Chat GPT のようなＬＬＭを使用した方はお気づきのように、一度で終わるようなやり取りでは生成ＡＩのパワーを引き出すことは難しいのです。ＡＩとの効率的なコミュニケーションの一つは、問いかけをしつつ、こちらにも問いかけてもらうことだったりします。しかし、人間同士の問いかけあいと決定的に違うのは、そこには人の意思が込められないということです。自分自身や世の中のありたい姿、あってほしい姿などは、やはり人間同士でないと深まったり、飛躍したりしない。だからこそ、これからはあえて人間同士で議論することのクリエイティブな価値は高まるのではないでしょうか。

本書では主に「How Might We…」という問いかけをピックアップしましたが、すでに多くの人たちがこの問いをＡＩに入力し、一緒にブレストをしていることでしょう。そして、前述のように「未来を想う」ようになれば、「What if the world was…」「What if we could…」といった「What if…」という問いにシフトしていくことになるのかもしれません。

第5章までは、より良い問いの技巧について詳しく触れていますが、これらのテクニックは生成ＡＩを活用する際にも非常に有用なのです。ＡＩに問いかける方法や、そのフィードバックをどのように受け取り整理するかは、その結果の質を大きく左右する要因となります。また、そのベースにあるマインドセットの部分も同様です。

ＡＩの光と影

あまり議論されていませんが、問いかける側の状態が重要なのと同様に、ＡＩを活用するときも、自身の状態のケアが重要です。

なかでも、ＡＩを使った情報操作や、ユーザーの心理状態に影響を及ぼすリスクは大きな懸念となっています。実際に、私たちの周りでも、生成ＡＩによって誤った方向へと導かれる事例や、それによる悲劇が報じられています。例えば２０２３年の春頃にはＡＩによって描かれたネガティブな未来像に絶望し、命を絶ってしまった方のニュースが報じられました。自身のメンタルコンディションが悪い中で活用すると、一気に悪いほうにＡＩが促してしまう危険性があるのです。

一方で、生成ＡＩにはポジティブな側面ももちろんたくさんあります。先日アメリカの同僚から次のような話を聞きました。彼の妹は、仕事をする傍ら起業を夢見ているのですが、彼と一緒にChatGPTを活用して、一夜で40ページに及ぶビジネスプランを作り出すことができたそうです。そして、作り終えたとき、妹は泣き出したといいます。その理由は「誰かに助けてほしいと困ったようなときに、もう二度と孤独になる必要がない。忙しい兄を邪魔してしまう罪悪感を覚える必要もない」ということでした。

おそらく生成AIはたくさんの人にこのような安心を届けることもできているのではないでしょうか。「問いかける」ことには大抵、相手というものがいて、その相手への気遣いや遠慮もつきものです。それが今、誰もがパソコンでもスマホでも簡単に問いかけられる相談相手を得ることができたのです。これ自体は人間にとって望ましいことなのではないでしょうか。

生成AIという技術は、今後も私たちの生活に深く関わってくるでしょう。そして時には私たちの感覚の倍加装置となることもあります。そのため、この技術をどのように活用し、どのようにコントロールしていくかは、私たち全員にとっての大きな課題だということができます。

ＡＩと問いの未来

　ここまで、ひとしきりＡＩについての私のワクワクを書かせていただきました。もちろん実際には不正確な情報の生成、バイアスの増幅、データのプライバシー問題、過度な依存、人間の思考能力の低下など、様々な問題が山積みなのは理解できます。

　しかし、私たちが直面しているのは、もっと大きな問題であることが多いことも事実です。生成ＡＩの本格化という現象は、そうした問題に対して私たちがよりクリエイティブに取り組めるようになるための強力なツールを得たということだ、と見ることができるのではないでしょうか。

「どうすれば生成ＡＩを活用することで我々はより豊かな未来を作り出すことができるだろうか？」

　という問いかけをし続けていくことが大事だと思います。生成ＡＩを議論するなかで私が少し安堵《あんど》しているのは、それが私たちが進むべき方向性を大きく変えてはおらず、むしろ加速させていくことになったと感じるからです。本書の中で触れているクリエイティビティや問いの関係、クリエイティブリーダーシップというような新たなリーダーシップスタイルの重要度が高まる点なども変わりません。

前述したように、LLMをはじめとした生成AIは特に日本で働く私たちにとって、効率化を図るチャンスをくれる強力なツールです。また、日本が苦手意識を持つ言語の壁のようなものも、いつの間にか切り崩してくれます（もちろんまだ英語のほうがパフォーマンスが高いですが）。LLMのインターフェースで画期的なのが、やり取りが日英等の多言語でちゃんぽんになってしまっても、まったく問題がないことです。例えば英語の文章を読ませて日本語で指示をしながら違う言語でアウトプットをしてもらう、といったこともできます。そして、さらに可能性を秘めているのが自然言語だけでなく、プログラミング言語を混ぜ込むこともできることです。これは私たちにとって、まったく新しい言語インターフェースだと思います。

この局面でおそらく私たちが議論すべきなのは、自身の仕事が奪われるというような問題ではなく、「この力を活用してどのような未来を作ることができるだろうか」という点だと思います。もちろん、生成ＡＩ以外にも考慮すべきテクノロジーはたくさんあります。ロボティクスやWeb3.0など、様々なチャンスを包括的に見ながらイテレーション（開発サイクル）の回転数を高めていくことにもＡＩは役に立ちます。

そして、どんなツールでもそうであるようにＡＩツールにも一定の習熟度が求められますが、その一つが「問いかける力」であると思っています。

最後に、私は生成ＡＩの浸透は、日本にとって非常に大きな機会であると考えていることを書き添えておきます。

昨今の調査でもChatGPTをはじめとする生成ＡＩツールへの日本からのアクセスや興味が非常に高いというデータが出ています。「問いかける」ことに気遣いをしてしまう日本人にとって、一人で完結でき、匿名性もあるこのツールは相性が良いのです。

また、前述した身体性という点についても、元来ものづくりに強みを持っていて、物理的な世界に造詣《ぞうけい》が深い日本人が、生成ＡＩのようなツールを使いこなすとどんなことができるようになるのかと考えると、とても楽しみです。最終的に、この技術と私たちの持つ独自の文化や感性が融合することで、新しい価値やイノベーションが生まれるとも考えられます。私たち一人ひとりが、その創造的な問いかけの主役として、新しい時代の航路を切り開くことのできるエキサイティングな時代にいるのではないでしょうか。

おわりに

私は20代の頃は、今とは真逆のことを仕事で優先していました。

会社や業界で常識とされている慣習的な部分にふと疑問を持ったり、マネジメントから与えられた課題に対してさらに別の問いが自分の中で湧き上がったりしても、それをあえて口にしないこと――を身につけてしまっていました。また、企画を考えるときも、通りやすそうな内容、誰も困らせない企画を優先してしまうこともあり、自分の主観から面白いアイディアが浮かんだとしても、〝常識から外れるかもしれない〟ものには、そっと蓋《ふた》をしていたのです。

しかし、その後、留学先のビジネススクール、そしてIDEOで、世界で活躍するリーダーたちや革新的な組織のことを知れば知るほど、**イノベーションを起こすのは、「常識にとらわれずに本質的な問いを立て、行動し続ける人たちである」**と気づかされたのです。

実は以前、「問いかけ」というアプローチについて、ある媒体に論考を寄稿させていただいたのですが、想像を超える反響を多方面からいただきました。日本の組織で、十数年前に私が陥っていたのと同じような状況に悩む人、このトピックに共感する人の多さに驚きながらも、そうした問題意識を持つ方の背中を少しでも押すことができればと思い、本書の執筆を決断しました。

イノベーションというテーマに悩む企業や組織は世界中にあります。イノベーションの本質がマインドセットにあるとすれば、その大きな要素の一つは「問いかけ」への姿勢である、と言えるでしょう。本書でもマインドセットを変える必要性について何度も論じてきましたが、日本では特に、ここで苦戦しているケースが目立ちます。

もう一つ、日本人特有の傾向として挙げられるのは、私たちは「フレームワーク」や「方程式」のようなものが大好きで、ゆえに、それにとらわれがちということです。

本書ではあえて、できる限り「フレームワーク」のようなものは挙げないようにしてきました。その理由は、読者の方に、「フレームワークにはめる」ことではなく、「フレームワーク自体をつくる」ことの重要性をお伝えしたかったからです。

私自身がそれを学んだのは、ハーバードビジネススクールへ留学しているときのことでした。当時、私は幸運なことに、世界で最も有名な経営学者の一人であるマイケル・ポーター教授と、大変お世話になっている竹内弘高《たけうちひろたか》教授のジョイントクラスを一学期間受ける機会がありました。ポーター教授は、世界のフレームワーク（業界分析手法）の中でも最も知られているものの一つであるファイブフォース分析の考案者としても有名です。しかし、今でも私の記憶に焼き付いているのは、初めのクラスで彼が言ったことです。

フレームワークに頼らないように。時々フレームワークに情報をはめていけば答えが出ると勘違いしている人がいるが、フレームワークとは、視点や考えを「整理」するためのツールであり、意思決定をしてくれるものではない。フレームワークにはめるのではなく、むしろ自分のやろうとしていることのためにフレームワークを新たにつくり出すことを考えるように

世界中のビジネスパーソンや教育機関によって使用されるフレームワークをつくった本人が、このようなことを学生たちに諭したことは、衝撃的でした。

私もそれまでに様々なフレームワークを学び、実務で多々活用していましたが、そう言

われてみると、人のつくった「手法」に状況をあてはめて解を出すことで、無意識に安心感を得ていた部分があったかもしれない、と気づかされたのでした。

フレームワークも、問いかけも、あくまでツールです。

そして、本書でもこれまで述べてきたように、そこに必要なのは「自分としてはどう見るか」という、人（作り手の自分と、対象となる人々の双方を指す）を中心に置いた視点です。問いかけの話でいえば、その視点を持って問いを創り、その問いから「行動」が生まれて、初めて価値が創出されます。

イノベーションを志す多くの日本の企業、組織が今、「創造し続けるクリエイティブな文化」づくりを目指しています。

これは一朝一夕で完成するものではなく、本書で述べてきたような取り組みや体験を繰り返していくことで、少しずつ醸成されるものです。面白い問いかけがあり、それにチャレンジすることができる場には、クリエイティブな人材も集まってくる、という好循環が生まれます。ただ、クリエイティブな組織を創るうえでは、クリエイティブな人を採用するだけでなく、「人の創造性をいかに引き出すか」ということも忘れてはなりません。

本書で触れているようなクリエイティブに問いを立てる力は、**スキルとして新たに学んで身につけるものというよりは、元々持っていたものを解放する側面が強い**と考えています。

人間の赤ちゃんの成長を見ていると、この点についてより考えさせられます。

私の娘が1歳前後の頃に、その思考と言葉の発達の過程を見ていると、「ママ」「パパ」「ワンワン」「ここ！」「これ！」など、ものの名前や事象についての断定ができるようになるのが第一歩です。つまり「なに？（what?）」に対する「答え」を導き出す能力でした。

次に、自分自身が「わからない」ことや、「可能性」といったことを認識していき、「なぜ（why?）」を考えはじめました。「なぜ」が始まると、人間は他の動物とはまったく違う次元の生き物になります。そして、身の回りのあらゆるものに対して好奇心が湧きはじめます。

6歳になった今、「もっと○○できたら、○○にとってうれしいことなんじゃないかな？」ということをよく口にするようになりました。問いに自分の求める世の中の姿や、それが他の人をどのような気持ちにさせるかということを考えるようになってきたのです。

先日娘が妻に投げかけた問いは「どうして街にある標識は皆『とまれ！』とか『わたるな』みたいに怖い言い方ばかりなの？」というものでした。そこから「どうすればもっと皆が優しい気持ちになれる標識が作れるかな？」という問いを立て、そのデザインを描きはじめました。親バカな話ですが、改めて子どもたちの持つ視点は、私たちの未来のありたい姿のヒントに溢《あふ》れていると感じます。そして、こうした素直な問いを立て続けられるような社会にしていきたいと思いました。

どうしたら、子どもの頃の純粋でバイアスのない好奇心を呼び起こせるか？

　これも、我々が今、立ててみるべき「問いかけ」なのかもしれません。

ただでさえ多忙な日常の中で、早く答えが欲しいのに、わざわざ問いを増やしていくことには、大変エネルギーを使います。

　しかし、たった一度の人生です。自分の中の気づきや、ワクワク、さらには違和感も大切にして、問いかけをつくってみてください。

　そして、その問いかけが示す「可能性」に、挑戦してみてください。

　私が通っていたビジネススクールでは、学生にメアリー・オリバーの『The Summer Day（ある夏の日）』という詩の最後の1行を、毎日のように繰り返し、繰り返し聞かせます。

私は今も、岐路に立ったときや新たな挑戦をするとき、この一文を自問し、一歩を踏み出しています。

読者の皆さんにとっても、何かの節目で「自分の軸」に立ち返る問いかけとなることを願い、最後にご紹介したいと思います。

Tell me, what is it you plan to do
with your one wild and precious life?

聞かせてください、そのたった一度の、ワイルドで貴重な人生を
あなたはどのように生きるつもりですか？

2023年10月

野々村健一

企画協力　渡邊佳与子
図版作成　斎藤充（クロロス）
編集協力　片瀬京子

本書は、二〇一八年九月に小社より刊行された『0→1の発想を生み出す「問いかけ」の力』を加筆修正・再編集し、改題したものです。

野々村健一（ののむら・けんいち）
慶應義塾大学卒業後、トヨタ自動車入社。米ハーバードビジネススクールでMBA取得後、IDEOの日本オフィスの立ち上げに参画し、同支社代表兼マネジング・ディレクターを務める。国内外のさまざまな企業や団体とのプロジェクトを手がける一方、IDEO在籍中にベンチャーキャピタルファンドD4Vの設立にもファウンディングメンバー兼パートナーとして関わる。現在は大手グローバルコンサルティング企業の執行役員兼パートナーとして新たな未来戦略×デザイン×イノベーション組織の立ち上げに挑戦中。名古屋商科大学大学院国際アドバイザリーボードメンバー。日本オープンイノベーション大賞内閣総理大臣賞選考委員（第5回）、DESIGN LEADER IMPACT AWARD 2023審査員等を歴任。

問《と》いかけが仕事《しごと》を創《つく》る

野々村健一《ののむらけんいち》

2023年11月10日　初版発行

発行者　山下直久
発　行　株式会社KADOKAWA
〒102-8177　東京都千代田区富士見2-13-3
電話　0570-002-301（ナビダイヤル）
装 丁 者　緒方修一（ラーフイン・ワークショップ）
ロゴデザイン　good design company
オビデザイン　Zapp!　白金正之
印 刷 所　株式会社暁印刷
製 本 所　本間製本株式会社

角川新書

ISBN978-4-04-082489-5 C0230

KADOKAWAの新書 ✿ 好評既刊

ラグビー質的観戦入門
廣瀬俊朗

プレーの「意味」を考えると、観戦はもっと面白くなる！　元日本代表主将がゲームの要点を一挙に紹介。「80分間を6分割して状況を分析」「ポジション別、選手の担うマルチタスク」ほか。理解のレベルがアップする永久保存版入門書。

公営競技史
競馬・競輪・オートレース・ボートレース

古林英一

世界に類をみない独自のギャンブル産業はいかに生まれ、存続したのか。その前史から高度経済成長・バブル期の爆発的な売上増大、社会問題を引き起こし、低迷期を経て再生するまでを、地域経済の観点から研究する第一人者が描く産業史。

定年後でも間に合うつみたて投資
横山光昭

「老後2000万円不足問題」が叫ばれて久しい。人生100年時代では、定年を迎えた人も資産寿命を延ばす方策が必要だ。余裕資金を活用した無理のない投資法を、資産形成のプロが丁寧に解説。24年スタートの新NISAに完全対応。

歴史と名将
海上自衛隊幹部学校講話集

山梨勝之進

昭和史研究者が名著と推してきた重要資料、復刊！　山梨はロンドン海軍軍縮条約の締結に尽力した条約派の筆頭で知られ、山本権兵衛にも仕えた、日本海軍創設期の記憶も引き継ぐ人物であり、戦後に海軍史や名将論を海自で講義した。

歴史・戦史・現代史
実証主義に依拠して

大木　毅

戦争の時代に理性を保ち続けるために――。俗説が蔓延していた戦史・軍事史の分野において、最新研究をもとに歴史修正主義へ反証してきた著者が「史実」との向き合い方を問うた珠玉の論考集。現代史との対話で見えてきたものとは。